CSSCI 来源集刊

中国金融学

总第十九辑

清华大学公共经济、金融与治理研究中心
四川大学金融研究所
浙江大学互联网金融研究院
中国人民大学国际货币研究所

中国金融出版社

责任编辑：吕　楠
责任校对：孙　蕊
责任印制：陈晓川

图书在版编目（CIP）数据

中国金融学（Zhongguo Jinrongxue）总第十九辑/清华大学公共经济、金
融与治理研究中心等编 . —北京：中国金融出版社，2018.7
ISBN 978 - 7 - 5049 - 9599 - 5

Ⅰ. ①中…　Ⅱ. ①清…　Ⅲ. ①金融学—中国—文集　Ⅳ. ①F832 - 53

中国版本图书馆 CIP 数据核字（2018）第 119134 号

出版
发行　中国金融出版社

社址　北京市丰台区益泽路 2 号
市场开发部　（010）63266347，63805472，63439533（传真）
网 上 书 店　http://www.chinafph.com
　　　　　　　（010）63286832，63365686（传真）
读者服务部　（010）66070833，62568380
邮编　100071
经销　新华书店
印刷　保利达印务有限公司
尺寸　180 毫米 ×255 毫米
印张　8.25
字数　153 千
版次　2018 年 7 月第 1 版
印次　2018 年 7 月第 1 次印刷
定价　49.00 元
ISBN 978 - 7 - 5049 - 9599 - 5
如出现印装错误本社负责调换　联系电话（010）63263947

目　录

中国金融学

China Journal of Finance

改革、垄断、行业周期与国有企业绩效[*]

——基于 1998—2007 年中国国有工业企业的实证分析

赵昌文[①] 李 兵[②] 李 涛[③] 项安波[④]

摘 要 当前深化国资国企改革需要从已经发生的改革中寻求经验。1998—2007 年，中国的国有企业绩效大幅改善，其原因何在？改革、垄断和行业周期哪一个因素的影响更大？本文使用 1998—2007 年的中国工业企业数据对影响国有企业绩效的多方面因素进行了考察，并通过因素分解来分析其相对重要性。结果表明，改革的确提升了国有企业绩效，与此同时，垄断和国有企业所处行业的景气周期带来的水涨船高效应也不能否认。进一步的因素分解显示，就国有企业生产效率而言，行业周期的影响最大，占 44.45%，垄断次之，占 7%，改革最次，占 6.80%；就国有企业效益而言，改革的影响最大，占 19.87%，行业周期次之，占 18.85%，垄断最次，占 4.21%。本文根据这些发现提出了相应的政策建议。

关键词 国有企业 生产效率 财务效益 因素分解

1 引 言

国有企业改革一直是中国经济改革与发展的核心问题之一，针对一段时期以来国有企业绩效改善的原因，有两种截然相反的观点。肯定性的观点认为，改革改善了国有企业效益（王勇，2012；《人民日报》《光明日报》等[⑤]，2012、2013）。批评性的观点认为，国有企业的垄断地位（Li et al. , 2012）、低要素成本（世界银行，2012）和外部的宏观经济景气提升，特别是重化工业景

---

* 感谢加拿大多伦多大学朱晓东教授、国务院发展研究中心陈清泰、陈小洪、张文魁、刘培林、袁东明、朱鸿鸣及多次交流会上其他人员的建设性意见。感谢两位匿名审稿人的宝贵意见与建议。当然，文责自负。

① 赵昌文，四川大学商学院，国务院发展研究中心产业经济部，邮政编码 100010，E - mail：cwzhao@ drc. gov. cn。

② 李兵，中央财经大学国际经济与贸易学院，邮政编码：100081，E - mail：lukeice2000 @ 163. com。

③ 李涛，中央财经大学经济学院，邮政编码：100081。

④ 项安波，国务院发展研究中心企业研究所，邮政编码：100010。

⑤ 参见《人民日报》2012 年 4 月 12 日和 2013 年 4 月 15～18 日以及《光明日报》2012 年 4 月 17～19 日的系列评论文章。

气周期（张文魁，2013）带来了国有企业效益改善。因此，争议集中在一段时期以来国有企业绩效改善的原因是什么，是改革、垄断抑或行业周期。

当前，新一轮国资国企改革正处于关键时期，正确认识已经发生的改革及其成效，对深化认识改革的路径、重点具有重要的借鉴价值。解决存在的争议需要基于大规模数据样本的实证分析，以此来准确识别国有企业绩效的影响因素和具体效果。然而，以往文献或者分析各种因素对国有企业某些绩效的影响，或者探讨某些因素对国有企业各种绩效的影响，都没有全面系统地考察改革、垄断和行业周期等各种因素对国有企业各种绩效的影响，也没有系统地量化研究这些因素在影响国有企业各种绩效时的相对重要性[1]。这一方面造成了学术讨论中一些各执一词的无谓争论，另一方面也干扰了政策制定者对国有企业进一步改革主要方向的把握。

本文详细阐述了改革、垄断和行业周期等各种因素对中国国有企业各种绩效的影响，并量化分析了这些因素在解释国有企业各种绩效时的相对重要性，从而弥补了已有研究的不足。本文首先总结之前的研究，从生产效率指标和财务效益指标两个维度度量国有企业的绩效，每一维度下又分别包括四个具体指标，共计八个绩效指标；同时针对当前国有企业争论的焦点问题，提炼出了影响国有企业绩效的三个主要方面的因素，即改革、垄断和行业周期，每个方面的因素又采用多个指标来反映；在回归分析的基础上采用 Shapley and Owen 拟合优度分解（Shapley and Owen Decomposition of R – squared）方法（Huettner & Sunder，2012），将各个因素对国有企业绩效的影响进行分解，得到了这些影响的相对大小。

实证结果显示，改革对国有企业绩效提升有促进作用，垄断和行业周期景气对国有企业绩效也有较大影响。从因素分解的结果看，对于国有企业效率的影响，改革占 6.8%，垄断占 7%，行业周期占 44.45%；对于国有企业财务业绩的影响，改革占 19.87%，垄断占 4.21%，行业周期占 18.85%。

本文结构如下：第二部分阐述了国有企业绩效分析的理论框架，第三部分介绍了主要测量指标，第四部分给出了数据样本与统计结果，第五部分讨论了模型设定并报告了实证结果，第六部分给出了因素分解的方法与结果，第七部分是主要结论与政策建议。

2　理论框架与主要解释变量

当前深化国资国企改革中，一个始终绕不开的问题是，如何解释1998—

---

[1]　胡一帆等（2005）从产权、竞争和公司治理三个方面讨论过国有企业与民营企业绩效的比较，发现同时考虑了产权与公司治理之后，竞争因素对绩效就没有影响了，但是他们没有对各因素进行分解；而且他们使用的是调查数据，只有5个城市700多家企业，样本的代表性不强。

2007 年的国有企业绩效的大幅提升。应该说，此期间同时发生了很多影响国有企业绩效的重要事件。第一，史无前例的大规模国有企业改革，大量国有企业被"关、停、并、转"，大批国有企业职工下岗，国有企业在总体经济中的份额大幅减少，对企业领导人和员工实行多种管理上的改革与激励机制。第二，全方位的市场化改革，对内放松管制，允许个体、私营以及多种所有制企业的发展，对外扩大开放，加入世界贸易组织，降低关税，降低外资进入壁垒标准，增强了经济活力，也对国有企业造成巨大竞争压力。第三，中国经历了一个长达十几年的，以大规模投资拉动的经济增长周期，许多身处重工业化的国有企业在这一周期中自然也获得了前所未有的发展机会。可是，这些事件对国有企业绩效到底有无影响以及有多大的影响？对此问题的回答，将有助于提升我们对国有企业绩效改善原因的理解，同时也有助于对当前国有企业面临的新困难的先验判断，并对进一步的国有企业改革有着重要借鉴意义。为此，我们从理论上将这些影响因素分为改革、垄断和行业周期三大类因素，作为主要的分析对象。

2.1 改革因素

过去十多年来，国有企业改革主要集中在产权和管理制度两个方面，本文主要采用三个指标来反映这两个方面的改革。

产权：国有企业的国有产权一直被"产权论"的学者所诟病（Kornai，1992；Shleifer & Vishny，1994），并将国有企业绩效差归因于其国有产权性质及所引发的委托代理问题、政策性负担或软预算约束。国有股权比重越大的国有企业绩效会更差（刘小玄，2003；刘小玄，2004；胡一帆等，2006；白重恩等，2006；杨记军等，2010）。我们使用企业中的国有股权比重来刻画产权情况。

中央企业：通常中央企业能够获得更多的中央政府的政策支持，如全国范围内更多的市场准入、专营权、进口配额等优惠政策，乃至更多的政府主导的兼并重组机会等。所以，中央企业理应有更好的绩效。另外，也有研究表明，中央企业的集团控股可能通过缓解委托代理问题而获得绩效改善（武常岐、钱婷，2011）。我们使用国有企业是否隶属于中央政府的虚拟变量来体现中央企业信息。

劳动力成本：已有研究发现，国有企业倾向于雇佣更多劳动力（曾庆生、陈信元，2006），并且支付更高的报酬（陆正飞等，2012）。但是，这种高工资与高福利到底会不会改善国有企业绩效，却没有定论。尽管高工资和高福利能够为国有企业员工提供更强的经济激励，但是如果这种激励与企业绩效的关联度较低，特别是考虑到国有企业的工资、福利制度的市场化水平低于其他类型企业，甚至存在着工资和福利过高的现象，那么较高的劳动力成本反而可能会损害国有企业绩效。我们使用国有企业工资与福利之和与其增加值之比来测量劳动力成本。

2.2 垄断因素

随着经济体制改革的逐步深入，政府对市场管制的不断放松，以及中国对外开放规模与程度不断加深，国有企业面临着越来越大的国内外市场竞争压力。同时，部分行业仍然存在着不同程度的市场准入限制与管制。有学者将国有企业在 20 世纪 80 年代初的效率提升归功于市场竞争（Li，1997），而另外一些学者则发现市场竞争会降低各种企业的绩效（Zhang et al.，2001）。最近，很多研究都将国有企业的成功归因于其处于垄断行业或者占据了垄断地位（刘小玄，2003；刘瑞明、石磊，2011）。我们使用行业集中度来测量国有企业所属行业的垄断程度，并且用企业所占市场份额测量国有企业在其所属行业中的市场地位，通过以上两个变量来考察国内市场竞争对国有企业绩效的影响。

对外开放一方面给国有企业带来新的市场机会，同时也带来了更大的市场竞争压力。我们使用四个指标测量国有企业面临的外部竞争，分别是国有企业所在行业的进口竞争、国有企业进口比例、国有企业出口以及国有企业所在行业的外资竞争情况。

进口竞争：已有研究发现，贸易自由化对企业的效率有提升作用（余淼杰，2010）。但是，国有企业在中国对外开放的过程中受到了进口产品的挤压，市场占有率会下降，相应的生产规模与定价能力也会下降，所以会表现出较差的绩效。我们使用进口渗透率，即国有企业所在行业的产品进口额占行业销售额的百分比[①]来测量进口给国有企业带来的竞争压力。

参与进口：有研究发现企业生产经营过程中的进口行为有助于提升绩效（陈勇兵等，2012）。部分国有企业也有进口行为，从逻辑上讲，进口对国有企业绩效的影响可能是正面的。我们使用国有企业进口额与总资产之比来测量国有企业参与进口的程度。

参与出口：部分国有企业也参与了出口。根据最新贸易理论研究的结论（Melitz，2003），以及其他国家的经验（Bernard & Jensen，1999、2004；Wagner，2007、2011），出口企业的效率应该比非出口企业更高，但中国出口企业的生产率水平反而比非出口企业的生产率水平低（李春顶等，2009、2010；Lu，2010；Lu & Tao 2010）。国有企业是否也是如此？出口对国有企业绩效的影响如何？我们使用国有企业出口额占全部销售额之比来测量国有企业参与出口的程度。

---

① 我们这里的测量与余淼杰（2010）在 2 位产业代码水平上不同，我们的测量在 4 位产业代码水平上，因而更为精细。

外资企业竞争：外资企业在中国投资设厂，会有两种不同的效应。一方面，正向的外溢效应，也就是外资带来的先进技术、管理经验等有助于提升本地企业的绩效；另一方面，外资企业也会直接与同行业的国有企业在产品、原料、劳动力等市场中竞争，就其对国有企业绩效的影响而言，会有与进口产品类似的负面效应。已有研究中，负面效应的证据较多（Aitken & Harrison，1999；蒋殿春、张宇，2008），外资对国有企业的影响更为负面（路江涌，2008）。我们使用国有企业所在行业外资企业的市场份额来测量国有企业面临的外资竞争压力。

2.3 行业周期因素

由于历史原因，国有企业大部分都分布于重化工业，而中国过去刚好经历了一个长达十几年的以投资拉动的经济增长周期，这对于国有企业自然有利，但也意味着，随着经济发展进入"新常态"，特别是从高速增长阶段转向高质量发展阶段，这个有利因素可能会变成不利因素。我们主要使用两个指标来测量这一方面的因素。

重化工业：对于部分国有企业的良好绩效表现，有学者认为是其所处的重化工业在过去一些年处于黄金发展期，进而使其绩效提升（张文魁，2013）。但是，相关文献对重化工业的界定都比较模糊。我们主观上将一些需要大量资本投入的重工业和化学工业的行业都界定为重化工业[①]，并构造了重化工业虚拟变量。

产业：已有研究发现，产业结构的调整也会造成企业生产效率的变化（王德文等，2004）。实际上，同一产业链上下游环节的调整也会造成企业生产效率的变化。为了测量产业的异质性，我们引入了国标 2 位产业代码的产业虚拟变量。

3 绩效指标与主要控制变量

3.1 国有企业绩效的全面测量

关于企业绩效的测量指标有很多种，但是大体上可以分为两个维度，一个

---

① 重化工业包括：煤炭开采和洗选业，石油和天然气开采业，黑色金属矿采选业，有色金属矿采选业，非金属矿采选业，其他采矿业，石油加工、炼焦及核燃料加工业，化学原料及化学制品制造业，化学纤维制造业，黑色金属冶炼及压延加工业，有色金属冶炼及压延加工业，通用设备制造业，专用设备制造业，交通运输设备制造业，电气机械及器材制造业，电力、热力的生产和供应业。

是效率指标,另一个是财务指标。必须综合考虑这两个维度,才能全面准确地反映企业绩效。这是本文与已有文献的一个重要区别。

效率通常使用全要素生产率(TFP)来测量,但是基于对数据样本的不同假设,有多种 TFP 的测量方法,我们采用了四种方法。

第一种是标准的最小二乘法(OLS)估计柯布—道格拉斯(Cobb – Douglas)生产函数(以下简称 C – D 生产函数)的方法,得到的 TFP 估计值记作 TFP_ OLS。生产函数形式如下:

$$Y_{it} = A_{it}L_{it}{}^{\alpha}K_{it}{}^{\gamma}I_{it}{}^{\eta}$$

其中,Y 是总产出,L 代表劳动投入,K 代表资本投入,I 代表总的中间投入(本文使用原材料中间投入),A 代表全要素生产率,i 代表企业,t 代表时间。为测量 TFP,首先对 C – D 生产函数两边取对数,则

$$\ln Y_{it} = \beta_0 + \alpha \ln L_{it} + \gamma \ln K_{it} + \eta \ln I_{it} + \varepsilon_{it}$$

本文采用残差法计算 TFP,这个残差事实上是总产出的对数值和预测拟合值 $\ln \hat{Y}_{it}$ 之差。预测拟合值通过最小二乘法估算得到,然而由于中间投入和要素投入都是内生的,与企业生产率等因素相关,因此,最小二乘法估计的结果是有偏的。所以,本文还采用了下面更准确的生产率测度方法。第二种是 Olley & Pakes(1996)提出的 TFP 估计方法,简称 OP 方法,得到的 TFP 估计值记作 TFP_ OP。由于这种方法对 TFP 估计中可能存在的各种内生性问题处理得比较充分,在学术界受到广泛认可。第三种是 Levinsohn & Petrin(2003)发展的一种估计 TFP 的方法,简称 LP 方法,得到的 TFP 估计值记作 TFP_ LP。第四种是传统的生产率测量方法,即劳动生产率(Labor Productivity),也就是人均工业增加值,记作 LP。这样,共有四个效率指标,分别为:TFP_ OLS、TFP_ OP、TFP_ LP 和 LP。

同样,财务指标也有四个。分别是净资产收益率,记作 ROE;息税前资产回报率,记作 EBIT_ ROA;销售利润率,记作 ROS;经济增加值,记作 EVA[①]。

其中,EVA 的计算方法如下:

$$P = TP - RT + Fee$$

其中,P 是企业创造的价值,TP 是税前利润,RT 是所得税,Fee 是财务费用。

$$K = CA - CL + FA$$

其中,K 是实际占用的资本,CA 是流动资产,CL 是流动负债,FA 是固定资产。

$$r_1 = \frac{TD}{TD + Equity} \times \frac{Fee}{TD} + \frac{Equity}{TD + Equity} \times r$$

---

① 参见刘芍佳、丛树海(2002),他们提出的企业经济增加值(Economic Value Added, EVA)计算模型适用于上市公司。由于我们的样本中绝大部分不是上市公司,所以,我们对他们的算法做了简化。在计算资本成本的时候,我们只考虑了银行长期存款利率,而省略了资本市场收益率。

其中，r_1 是实际资本成本，*TD* 是总负债，*Equity* 是所有者权益，*r* 是同期银行五年期固定存款利率。

$$EVA = P - r_1 \times K$$

上式中，*EVA* 就是经济增加值。

3.2 其他影响因素的测量

根据已有文献，影响国有企业绩效的还有很多其他因素，我们将它们都作为控制变量放入模型中。主要有以下九个指标。

实际税收负担：一般认为，企业税收负担增加，会增加经营成本，进而减少生产与投资，从而损害绩效。从已有的研究可知，国有企业通常会有更高的实际税收负担（吴联生，2009）。另外，国有企业也缺乏避税动机（Cai & Liu, 2009）。我们使用企业上缴的全部税金与总资产的比来测量企业实际税负。

政府补贴：各种类型的政府补贴可能造成国有企业的软预算约束（Kornai, 1992），政府补贴越多的国有企业通常绩效也就越差。我们使用企业获得的补贴与销售额之比来测量政府补贴。

实际债务成本：我们使用企业财务费用与负债之比作为实际债务成本的测量。

负债率：国有企业在享受低融资成本的同时也能够获得更多的融资额度，这使国有企业的负债率相对要高（方军雄，2007）。我们使用负债率，也就是将总债务与总资产的比作为衡量企业负债水平的指标。

历史负担：计划经济体制下的国有企业不仅承担生产经营任务，还承担着很多社会职能（Lin et al., 1998；Li et al., 1998, Bai et al., 2000），伴随着国有企业改革，这些社会职能虽然不断被剥离，但是对老国有企业而言，很多历史遗留问题仍会成为其绩效的负担。我们使用企业自注册成立以来的存续时间即企业年龄来测量历史负担。

创新：已有研究发现，国有企业有更多的创新活动（李春涛、宋敏，2010），这可能影响其绩效。但同时也有研究发现国有企业的创新效率比较低（吴延兵，2012）。我们使用国有企业新产品产值占工业总产值之比来反映国有企业创新活动的活跃程度。

企业规模：国有企业的规模也是影响绩效的一个重要因素。我们使用国有企业总资产的自然对数来测量企业规模①。

地区经济：我们采用了省份虚拟变量（Dummy）来控制省际跨时间不变因素的影响。我们还使用了国有企业工商注册所在地的地级市的 GDP 总量来控制本地经济总体规模的影响，并使用该地级市的人均 GDP 水平来控制当地经济发

---

① 总资产使用了省级的 GDP 平减指数来消除通货膨胀的影响。

展水平的影响①。

宏观经济：企业绩效会受到宏观经济因素的周期性影响。因此，我们使用全国的 GDP 增长率来控制这方面的影响，并且使用年度虚拟变量控制了每一年的年度宏观冲击。我们还在稳健性检验中使用了省级 GDP 来控制宏观经济冲击。

4 数据与样本的处理

4.1 数据来源

我们使用的是中国工业企业数据库，该数据库包含由国家统计局收集的年销售额 500 万元人民币以上的全部工业企业以及全部国有工业企业的数据②。本文采用了该数据库 1998—2007 年的数据，共 2161328 个年度—企业样本，包含样本企业数量由 1998 年的 15 万家至 2007 年的 33 万家不等。由于本文的研究重点在于国有企业，因此，我们从中抽取了国有企业作为研究样本③。我们没有直接比较国有企业与非国有企业的绩效，主要是因为，这个数据库中覆盖了几乎所有国有企业，而仅囊括了年销售额高于 500 万元人民币的部分非国有企业，这些非国有企业一般来说比那些规模以下的非国有企业的绩效更好。如果仅用此数据库数据直接比较国有企业和非国有企业的绩效差异，对国有企业可能有失公平。

为了获得企业层面的进口金额，我们还使用了海关数据库 2000—2006 年企业层面的进口信息④，并通过企业名称与工业企业数据匹配。

4.2 数据抽样

对于国有企业的定义，我们采取了两种方法。第一种方法为国家统计局定义的国有企业，共包括了约 26 万个样本，但是由于变量缺失等问题，最后有约 20 万个样本纳入了回归分析；第二种方法是将国有企业定义为国家统计局定义的国有企业＋国有绝对控股企业（国有股占 50% 以上）＋国有相对控股

---

① 地区经济总量与地区经济发展水平都使用了省级的 GDP 平减指数来消除通货膨胀的影响。

② 海外学者经常翻译成 "Chinese industrial enterprise database" 或 "China annual survey of industrial firms/enterprises"。这套数据目前已被国内外经济学者广泛使用。

③ 行业层面的变量，如市场集中度、进口渗透率、外资市场份额等指标都是使用全部样本计算的。

④ 这一数据广泛应用于国际贸易相关的研究中。

企业（国有股未超过 50%，但是第一大股东）。这个样本要大于第一个样本，共有 36 万个样本。同样因为变量缺失，最后有 26 万多个样本纳入了回归分析[①]，其分析结果作为稳健性检验。

4.3　数据处理

本文使用的中国工业企业数据库在被广泛使用的同时，也备受争议，特别是数据本身存在的各种缺陷（聂辉华等，2012）。我们已经尽量解决和避免了这些缺陷。

第一，样本匹配问题。本数据库是一个面板数据[②]，要先将不同年份的企业连接起来。由于原始数据库中提供的企业代码只能识别出一部分企业，我们还使用了企业名称来匹配那些不能通过代码匹配的企业，之后再使用法人代表姓名加上企业所在地代码（6 位数）、企业电话号码、企业所在行业代码（4 位数）、企业所在地邮政编码（6 位数）再次匹配剩余企业。我们匹配的方法与 Brandt 等（2012）的方法略有不同，但是更为简便和清晰。

第二，变量异常值问题。对于大型数据库，异常值是一个普遍现象。我们在参考 Cai 和 Liu（2009）以及 Bai 等（2009）方法的基础上有所改进。我们删掉了那些销售额、职工人数、总资产和固定资产缺失或者小于等于零的样本，而保留了那些利润总额为负数的企业，因为后者在现实中是可能的。同时，为了避免出现异常值显著影响回归结果的情况，我们将经过计算之后的主要指标采取了针对奇异值（Outlier）的处理，分别对这些变量分布的两边各取 1%，进行了 winsorize 的处理（Barnett & Lewis，1994）。

第三，工业数据库与贸易数据库匹配问题。我们的企业进口数据是从海关贸易数据库中通过企业名称匹配得来的，这不能保证所有企业都能匹配上。换言之，可能的情况是：有些企业进口了，但我们却无法获知，这样会显著低估进口对企业绩效的影响。不过，这样得到的结果应该是进口对企业绩效的最小影响，或者说，进口对企业绩效的实际影响应该更大。

第四，物价指数的选择问题。对于所有的名义值，我们统一采用了省级的 GDP 平减指数来消除通胀影响。我们没有采用很多学者使用的分行业的平减指数来处理固定资产，主要是考虑到中国区域差异大；而且如果其他名义值采用省级 GDP 平减指数，只有固定资产采用行业平减指数，会存在潜在的不一致性的问题。

其他方面的问题，我们参考了聂辉华等（2012）和 Brandt 等（2012）的建议。

[①]　由于篇幅所限，我们在正文中只展示了样本一的结果。样本二的结果见附表 1。
[②]　由于本文使用的模型是采用了自变量滞后一期的方法，面板数据的匹配问题尤为重要。

5 回归模型与结果

5.1 回归模型

我们使用的回归模型如下：

$$Y_{it} = \beta_0 + \sum_k \beta_k X_{kit} + \lambda_t + \gamma_j + \eta_l + \varepsilon_{it} \tag{1}$$

其中，Y_{it} 是国有企业绩效测量指标，X_{kit} 是上文列出的各个影响因素，λ_t 是年份虚拟变量，γ_j 是省虚拟变量，η_l 是两位码水平的产业虚拟变量，ε_{it} 是随机误差项。考虑到可能出现的反向因果关系，我们将每一个主要影响因素取滞后一期，于是，回归模型变为：

$$Y_{it} = \beta_0 + \sum_k \beta_k X_{ki(t-1)} + \lambda_t + \gamma_j + \eta_l + \varepsilon_{it} \tag{2}$$

我们采用的是最小二乘法估计。我们也尝试了企业的固定效应模型，用来检验那些随时间有变化或者变化很大的因素的影响，但是比较之后发现，这些因素的影响变化都不大[①]。采用固定效应模型是有代价的：由于几个我们感兴趣的变量，如重化工业、中央企业等，都是不随时间变化或者变化很小的，固定效应模型无法估计出这些因素的影响。此外，我们还采用过固定效应配合自变量滞后一期、一阶差分等估计方法，除了某些控制变量之外，大部分变量的估计结果都与滞后一期的情况一致。综合考虑，为了保证既能尽量避免潜在的内生性问题，又能估计出所有我们感兴趣的变量的影响，并为之后的因素分解奠定基础，本文报告的主要结果仍然采用滞后一期的截面结果。

5.2 回归结果

根据前述的回归方程（2），表 1 给出了基于国家统计局定义的国有企业样本（即样本一）的回归结果。其中，八列回归结果分别对应作为被解释变量的国有企业八个绩效指标的不同情形，即 OP 方法估计的全要素生产率（TFP_OP）、LP 方法估计的全要素生产率（TFP_LP）、最小二乘法估计的全要素生产率（TFP_OLS）、劳动生产率（LP），以及净资产收益率（ROE）、息税前资产回报率（EBIT_ROA）、销售利润率（ROS）和经济增加值（EVA）。

从表 1 中可以得到以下重要结论：

---

① 感兴趣的读者可以向笔者索要相关的回归结果。

表1 国有企业绩效的影响因素（样本一，完整模型）

		(1) TFP_OP	(2) TFP_LP	(3) TFP_OLS	(4) LP	(5) ROE	(6) EBIT_ROA	(7) ROS	(8) EVA
改革因素	国有股份额	-0.029*** [0.005]	-0.013*** [0.004]	-0.105*** [0.010]	-0.085*** [0.011]	-0.021*** [0.005]	-0.006*** [0.001]	-0.029*** [0.003]	11198.559** [5328.713]
	中央企业	0.087*** [0.005]	0.059*** [0.005]	0.225*** [0.011]	0.201*** [0.012]	-0.005 [0.006]	-0.001 [0.001]	0.026*** [0.003]	-74241.106*** [7569.197]
	劳动力成本	-0.031*** [0.002]	-0.020*** [0.001]	-0.283*** [0.004]	-0.297*** [0.005]	-0.010*** [0.002]	-0.008*** [0.000]	-0.056*** [0.002]	-321.501 [671.393]
	市场集中度HHI	0.005** [0.002]	0.012*** [0.002]	-0.051*** [0.004]	-0.035*** [0.005]	0.002 [0.002]	0.001*** [0.000]	-0.006*** [0.001]	24251.451*** [1556.909]
	企业市场份额	3.707*** [0.204]	2.429*** [0.188]	16.234*** [0.440]	10.634*** [0.488]	1.328*** [0.200]	0.489*** [0.036]	2.296*** [0.111]	-1757e+07*** [549811.934]
垄断因素	进口渗透率	0.000 [0.000]	0.000 [0.000]	-0.001*** [0.000]	0.000 [0.000]	0.000 [0.000]	0.000 [0.000]	0.000 [0.000]	649.848*** [99.983]
	企业进口比例	0.003** [0.001]	0.003*** [0.001]	0.006* [0.003]	0.000 [0.003]	0.000 [0.002]	0.000 [0.001]	0.003*** [0.001]	-6382.987** [2869.596]
	企业出口依赖程度	-0.014 [0.012]	-0.052*** [0.010]	-0.026 [0.026]	-0.239*** [0.029]	-0.012 [0.014]	-0.015*** [0.002]	0.007 [0.008]	89137.273*** [9453.141]
	外资竞争	-0.001*** [0.000]	-0.001*** [0.000]	-0.002*** [0.000]	-0.001** [0.000]	0 [0.000]	0 [0.000]	-0.000*** [0.000]	-1160.479*** [110.387]
行业周期因素	重化工业	0.193*** [0.029]	0.157*** [0.050]	0.853*** [0.163]	0.187*** [0.060]	0.070* [0.043]	0.032*** [0.012]	0.132 [0.055]	-83297.365*** [21447.429]
其他因素	企业年龄	0.000*** [0.000]	0.000*** [0.000]	-0.005*** [0.000]	-0.010*** [0.000]	-0.001*** [0.000]	-0.000*** [0.000]	-0.001*** [0.000]	48.993 [103.942]

续表

		(1) TFP_OP	(2) TFP_LP	(3) TFP_OLS	(4) LP	(5) ROE	(6) EBIT_ROA	(7) ROS	(8) EVA
	实际税务负担	0.000 [0.000]	0.000 [0.000]	0.003* [0.001]	0.003** [0.001]	0.000 [0.000]	0.000 [0.000]	0.000 [0.000]	156.293** [74.297]
	补贴	-0.919*** [0.054]	-0.722*** [0.045]	-2.110*** [0.109]	-2.338*** [0.119]	-0.061 [0.056]	-0.081*** [0.008]	-0.326*** [0.047]	1253.223 [40571.807]
	实际债务成本	-0.039 [0.062]	-0.403*** [0.052]	2.813*** [0.124]	1.999*** [0.136]	0.383*** [0.058]	0.050*** [0.013]	-0.180*** [0.034]	474901.431*** [39734.319]
	负债率	-0.143*** [0.005]	-0.121*** [0.004]	-0.273*** [0.011]	-0.263*** [0.011]	0.052*** [0.004]	-0.045*** [0.001]	-0.147*** [0.004]	107123.387*** [3673.812]
其他因素	新产品比例	0.017 [0.012]	-0.005 [0.010]	0.220*** [0.026]	0.231*** [0.028]	0.031* [0.013]	0.006*** [0.002]	0.039*** [0.008]	134574.538*** [13780.770]
	资产规模	-0.034*** [0.001]	-0.006*** [0.001]	0.055*** [0.002]	0.152*** [0.002]	-0.006*** [0.001]	0.001*** [0.000]	-0.002*** [0.001]	-84655.446*** [1408.053]
	地区 GDP 总量	0.012*** [0.004]	0.004 [0.003]	0.041*** [0.006]	0.027*** [0.007]	0.012*** [0.003]	0.002*** [0.000]	0.008*** [0.002]	3747.948 [2737.051]
	地区人均 GDP	0.023*** [0.005]	0.019*** [0.004]	0.057*** [0.009]	0.154*** [0.010]	-0.004 [0.004]	-0.002*** [0.001]	-0.008*** [0.003]	-24807.052*** [3893.309]
	GDP 增长率	-0.002* [0.001]	-0.011*** [0.001]	0.041*** [0.003]	0.176*** [0.003]	0.012*** [0.002]	0.006*** [0.000]	0.012*** [0.001]	-31884.088*** [1693.502]
	常数项	0.544*** [0.151]	1.554*** [0.143]	-5.172*** [0.339]	-18.598*** [0.334]	-1.373*** [0.170]	-0.627*** [0.030]	-1.165*** [0.096]	4169238.470*** [183466.806]
	样本数	94822	90716	90039	95324	95634	96029	96029	95743
	拟合优度 R²	0.141	0.15	0.293	0.371	0.011	0.121	0.118	0.226

注：中括号中的数字是稳健的标准差。所有回归中都控制了年的固定效应、省的固定效应、2 位数产业固定效应。所有自变量取滞后一期。

*** p<0.01，** p<0.05，* p<0.1。

第一，就改革因素而言，国有股权比重对国有企业生产效率和财务效益的影响主要是负向的，且在统计上显著。除经济增加值指标外，国有股权比重对不同绩效指标的影响都显著为负。这符合文献中关于产权论的观点，由于国有企业股东是政府，因而国有企业具有多重目标属性和多重委托代理关系，从经济绩效的角度而言，政府并非是好的甚至合格的企业所有者。此外，国有股权比重过高或"一股独大"，也可能引致更为严重的政企不分、治理失效等问题。与预期不同的是，国有股权比重对经济增加值有显著为正的影响。我们认为，主要原因可能源于两类指标的差异，即经济增加值为总量指标，而其他七个指标为比率指标。此外，这与仍然存在不少特殊的国有独资企业紧密相关。国有独资企业通常是那些控制了优质国有资产的大型企业，即便其运营效率不占优势，经济增加值的绝对量却具有明显优势。

与地方国有企业相比，中央企业的效率显著更高，但是财务效益总体上并无显著差异。中央企业变量在所有效率指标中都显著为正，这可能反映了与地方国有企业相比，中央企业能够得到更多或更强的政策支持，如资源开发、进出口配额、特许经营权、收购兼并机会等，进而表现出更强的资源掌控能力。与效率指标不同，中央企业变量对不同财务效益指标的影响并不一致，即与息税前资产回报率和净资产收益率负相关但不显著，与销售利润率显著正相关，与经济增加值显著负相关。主要原因可能在于中央企业与地方国有企业的利润导向程度的差异。相对于地方国有企业，中央企业需要承担更多的其他责任，许多投资并未完全体现在当期或短期财务收益中。中央企业变量与销售利润率显著正相关，原因可能是中央企业在产业链中的优势地位使其议价能力更强，营业外收入更高，进而导致了更高的销售利润率。中央企业变量对销售利润率和其他财务效益指标存在不一致，主要原因可能在于中央企业相对于地方国有企业而言，更多地处在重资产行业，固定资产比重更高，项目投资额巨大，投资回报期长，从而导致资产周转率更低。另外，还需要说明，中央企业与地方国有企业在财务效益中无显著差异，与财政部等有关部门统计指标中中央企业利润率更高的事实也不完全一致。其中，主要的原因在于有关部门统计中包括了除金融业外全部的国有企业，而我们的数据库只反映了全部工业企业。

劳动力成本对国有企业生产效率和财务效益的影响主要是负面的，且在统计上显著。劳动力成本除了在经济增加值中不显著外，在其他所有的回归结果中都显著为负。这说明，与非国有企业相比，国有企业薪酬制度的市场化水平仍然较低，在 2015 年出台限薪政策前，在一定程度上仍然存在着高工资和高福利的现象，而这种高劳动力成本对企业经营形成正向激励，从而损害了绩效。

第二，就垄断因素而言，市场集中度对国有企业生产效率和财务效益的影响主要是显著为正。在 OP 方法和 LP 方法估计的全要素生产率中，市场集中度显著为正，在 OLS 方法估计的全要素生产率和劳动生产率中，市场集中度显著为负。考虑到 OP 方法和 LP 方法估计的全要素生产率更能反映效率，回归结果表明市场集中度对效率的影响主要为正，原因可能是市场集中度越高，产业链整体配套能力越强，企业的规模效应越明显。市场集中度对息税前资产回报率和经济增加值的影响显著为正，而对销售利润率的影响显著为负。考虑到息税前资产回报率比销售利润率更能综合反映企业财务效益的影响，说明市场集中度对财务效益也有正向的影响，原因可能是产业集中度越高，竞争越少，利润率越高。

国有企业在行业中的垄断地位对其效率和财务效益的影响主要是正向的，且在统计上显著。国有企业的市场份额除了在经济增加值的回归结果中显著为负外，在其他所有的回归结果中都显著为正。这表明，国有企业的垄断地位确实在总体上有助于其效率和财务效益的提高，因此表现为垄断性国有企业具有更好的绩效。但是，国有企业的垄断地位却与经济增加值显著负相关，原因可能在于经济增加值多算了垄断性企业的股权资本成本，即存在对所有企业股权成本绝对低估情况下对垄断企业的相对高估。因为对垄断企业而言，其风险远低于非垄断企业，其资本所要求的预期回报或机会成本应该小于非垄断企业。

进口渗透率对国有企业效率和财务效益的影响主要是不显著的。除了在OLS方法估计的全要素生产率和经济增加值回归结果中显著外，进口渗透率在其他所有的回归结果中都不显著。考虑到以上两个绩效指标的局限性，因此，进口渗透率对国有企业绩效的影响主要是不显著的。这反映了国有企业所在行业中进口商品的竞争对其绩效有着复杂的影响，既有外部竞争改善绩效的间接作用，也有外部竞争挤压绩效的直接作用，二者相抵，使进口渗透率的影响不显著。

企业进口比例对国有企业生产效率的影响主要是显著为正，对财务效益的影响比较复杂。一方面，在OP方法、LP方法和OLS方法估计的全要素生产率的回归结果中，进口比例的影响显著为正，这说明国有企业利用了对外开放的机会提升了效率。特别是中国加入WTO，虽然给包括国有企业在内的中国国有企业带来了一定程度的竞争压力，但同时也带来了新的市场机会，并丰富了提升效率的手段，通过使用更加先进的机械设备、更加先进的技术和价格更低而质量更好的原材料等方式，提高了企业的整体效率。另一方面，在经济增加值的回归结果中，进口比例的影响显著为负；而在销售利润率的回归结果中，进口比例的影响显著为正。后者的解释与以上进口提升效率类似，反映了开放对改善国有企业财务效益的积极作用；而前者则反映了国有企业进口背后的机会成本，即企业自身生产经营资源没有得到更加有效的利用。

出口对国有企业生产效率和财务效益的影响主要是显著为负。在LP方法估计的全要素生产率和劳动生产率的回归结果中，国有企业出口依赖程度的影响显著为负。这与之前相关研究的结论相符（李春顶等，2009、2010）。不同的是，之前研究在解释这种悖论时，或者归因于劳动密集型产业的特殊性（Lu，2010），或者归因于外商直接投资企业的特殊性（Lu et al.，2010），或者归因于出口加工行业的特殊性（Dai et al., 2012）。国有企业出口依赖程度在息税前资产回报率的回归结果中显著为负，而在经济增加值的回归结果中显著为正。本文使用的样本数据对应年份中，出口企业享受的出口退税政策，国有企业出口依赖程度对息税前资产回报率的显著负面影响同样支持了出口企业生产率悖论，而出口竞争对国有企业经营能力的改善所带来的财务效益改善则解释了对经济增加值的显著正面影响。考虑到息税前资产回报率较销售利润率和经济增加值更具综合性，我们倾向于认为出口对国有企业财务效益的总体影响显著为负。

外资竞争对国有企业生产效率和财务效益的影响主要是负面的，但对财务效益的影响主要是不显著的。外资竞争在所有效率指标的回归结果中都显著为负；在所有财务效益指标的回归结果中都为负，其中对销售利润率和经济增加值的影响显著为负。

第三，就行业周期因素而言，与其他行业相比，重化工行业的国有企业绩效总体上更好。重化工行业除了在经济增加值的回归结果中显著为负外，在OP 方法、LP 方法和 OLS 方法估计的全要素生产率、劳动生产率、息税前资产回报率、净资产收益率和销售利润率的回归结果中都显著为正。这表明过去十多年来的重化工业进程使主要布局于其中的国有企业受益明显。与此同时，这种行业发展机会却显著降低了其中国有企业的经济增加值，这可能反映了行业优势也降低了企业改善经营管理进而降低资源使用机会成本的努力。

其他控制变量的结果均合理且与预期基本相符[①]。

5.3 稳健性检验

为了考察以上发现的稳健性，我们通过以下几种方式进行了稳健性检验。

首先，基于放松对国有企业的界定而形成的容量更大的样本二，使用同样的模型得到了附表 1 的结果。附表 1 显示，主要的结论都没有改变。

其次，由于我们只有 2000—2006 年的海关数据，所以，当将企业进口这一变量包括在模型中的时候，1998 年、1999 年和 2007 年的数据就无法使用。我们尝试了在回归分析中去掉企业进口变量进而将 1998 年、1999 年和 2007 年的数据样本纳入实证分析中。样本一的回归结果放在了附表 2[②] 中。结果表明，绝大部分的结论没有发生实质性变化。

再次，由于 2004 年的数据中缺少新产品的信息，如果将这一变量包括在模型中的时候，工业企业数据中 2004 年的数据就无法使用。我们尝试了在回

---

① 其他控制变量的方向与显著性都基本符合预期，篇幅所限，这里不详细讨论。

② 样本二的结果区别不大，由于篇幅所限，这里没有给出回归结果，有兴趣的读者可以向作者索取备查。

归分析中同时去掉企业进口变量和新产品变量进而将 1998 年、1999 年、2004 年和 2007 年的数据样本纳入实证分析中。相应的回归结果放在了附表 3 中。绝大部分的变量都只是出现了很少的变化。

最后，我们还进行了以下一些稳健性检验。（1）考虑到非平衡面板数据中国有企业的进入和退出决策可能造成对绩效影响因素分析的偏差，我们对非平衡面板数据进行了删减，获得新的平衡面板数据。基于新的平衡面板数据的类似于表 1 的回归结果均没有发生显著变化。（2）我们尝试了当期而不是滞后一期的分析，主要结果非常相似。（3）我们为考察长期效果，采用 3 年和 5 年之后的绩效指标，看看各个因素对这些绩效指标的影响是否有所不同，结果与之前的基本一致。（4）我们还做了固定效应、自变量滞后一期的固定效应，以及一阶差分等模型的尝试。由于在这些模型中，某些变量在时间上没有变化或变化非常小而无法估计，但是其他变量的结果是非常一致的。（5）行业与区域和竞争都有关系，为了分别单独考察行业与区域的影响，以及不考虑行业或者区域竞争的影响，我们也将这些因素分开做了稳健性检验，结果有一定程度变化，但是与我们的主要结论不矛盾。（6）由于参与贸易的企业与非贸易企业可能本质上是不同的，我们将出口企业与非出口企业分为两个样本回归，最后的结果并没有显著不同。（7）我们用省级 GDP 增长率替代了全国 GDP 增长率，控制宏观经济冲击，但是结果变化不大。总之，我们的主要发现是非常稳健的。

6 分解方法与结果

影响国有企业绩效的因素很多，我们除了关心这些因素是否有影响以及有着怎样的影响外，还希望获得这些影响因素的相对重要性，也就是到底哪些因素能够解释更多的国有企业绩效的差异。为此，在上述回归分析的基础上，我们应用 Shapley and Owen 分解方法（Huettner & Sunder，2012）将不同影响因素在可解释部分（R^2）中的作用进行分解，得到一个百分数。这个百分数的含义是，在可以解释的绩效中，每一个（组）因素的影响程度占比。

我们仍然按照前文所述，将这些影响因素分为改革因素、垄断因素和行业周期因素三大类。虽然同样的因素对不同绩效指标的影响方向在大多数情况下是一致的，但是影响的程度会有很大差别。在生产效率和财务效益指标中，我们分别选取了两个主要的指标进行分解：一个是 OP 方法估计的全要素生产率，另一个是息税前资产回报率（ROA），相应的结果见表 2。

表 2 国有企业绩效影响因素分解

因素	变量	TFP_OP	分组(%)	细分(%)	EBIT_ROA	分组(%)	细分(%)
1. 改革	国有股份额	−0.029*** [0.005]	6.8	0.47	−0.006*** [0.001]	19.87	1.9
	中央企业	0.087*** [0.005]		1.47	−0.001 [0.001]		0.28
	劳动力成本	−0.031*** [0.002]		4.86	−0.008*** [0.000]		17.69
2. 垄断	市场集中度 HHI	0.005** [0.002]	7.00	0.88	0.001*** [0.000]	4.21	0.5
	企业市场份额	3.707*** [0.204]		1.06	0.489*** [0.036]		2.99
	进口渗透率	0 [0.000]		0.79	0 [0.000]		0.07
	企业进口比例	0.003** [0.001]		0.06	0 [0.000]		0.1
	企业出口依赖程度	−0.014 [0.012]		0.31	−0.015*** [0.002]		0.41
	外资竞争	−0.001*** [0.000]		3.9	0 [0.000]		0.14
3. 行业周期	重化工业	0.193*** [0.029]	44.45	2.22	0.032*** [0.012]	18.85	0.74
	产业			42.23			18.11
其他因素			41.75			57.11	
	常数项	0.677*** [0.151]			−0.633*** [0.030]		
	样本数	94822			96029		
	拟合优度 R^2	0.141			0.121		

注：中括号中的数字是稳健的标准差。

* * * $p<0.01$，* * $p<0.05$。

从表 2 中，我们可以发现，首先，改革因素对国有企业生产效率的影响占6.8%，这意味着国有企业效率提升中，改革因素有一定作用，但不是主要的影响因素。具体而言，国有股份额的影响占 0.47%，说明国有企业公司制改革和股权多元化虽然取得了很大进展，但并没有对效率有实质性提升，现代企业制度建设还有很长的路要走；中央企业的影响占 1.47%，说明国有企业的宏观管理架构对国有企业效率有一定影响，但不是很大；劳动力成本的影响最大，占 4.86%，作为一个单独的影响因素，这个比例已经不低了。因此，改革薪酬制度、适当控制劳动力成本上升、提高劳动生产率是未来深化国有企业改革、加强管理和提升企业生产效率的重要内容。

其次，垄断因素的影响占 7%。其中，行业集中度的影响是 0.88%，企业的市场份额占 1.06%。一直以来，不少人认为垄断是过去十多年国有企业绩效改善的一个主要原因，虽然我们无法排除这一因素的影响，但从因素分解的结果来看，垄断对效率提高的作用有限；外资竞争的影响最大，占 3.9%；进口渗透率占 0.79%；企业出口占 0.31%；影响最小是企业进口比例，只有 0.06%。

最后，行业周期的影响占 44.55%，这主要来源于产业本身的影响，占 42.23%。有研究表明（Hsieh & Klenow，2009），行业内部的生产率差异是一种资源配置效率低下的表现，而行业之间的生产率的差异也是一种资源配置效率低下的表现。这说明了国有企业在不同行业之间的进入退出还存在壁垒，同时也表明未来的国有企业改革在行业布局结构的调整上空间很大。此外，重化工业的影响也占 2.22%。说明重化工业周期对国有企业绩效改善有一定作用。随着重化工业发展黄金时期的结束，国有企业发展将会面临更大挑战。

从各个因素对国有企业财务指标的影响来看，与效率指标比较，改革因素对财务效益的影响更大，占 19.87%。国有股份额占 1.90%，说明公司制改革和股权多元化对国有企业财务效益的改善有一定作用。中央企业占 0.28%。劳动力成本有 17.69% 的影响，这一方面客观反映了近些年来劳动力成本快速上升给国有企业带来的压力，另一方面也反映了通过改善管理、降低劳动力成本提升国有企业绩效仍有很大空间。垄断因素占 4.21% 左右，低于对效率指标的影响。其中，市场集中度占 0.5%，企业市场份额占 2.99%。市场集中度的影响很小，反映了当前中国产业集中度整体水平较低的客观实际，而企业市场份额说明垄断对国有企业财务效益的改善也有较大的贡献。企业出口占 0.41%；外资竞争占 0.14%；企业进口比例占 0.1%；进口渗透率占 0.07%。这可能说明与中国经济整体的开放程度相比较，国有企业的开放水平还不够高，进一步利用全球资源、技术和市场的空间仍然很大。行业周期因素的影响占 18.85%，比对效率指标的影响要小得多。其中，重化工业的影响比较小，只有 0.74%。这说明重化工业的快速发展对国有企业财务效益的改善并没有很大的贡献。

总体而言，这些因素对国有企业财务与效率指标的影响方向是相似的。但是在相对重要性上，则有显著区别：改革因素对国有企业财务指标的影响要大于对效率指标的影响；垄断因素和行业周期因素对效率指标的影响要大于对财务指标的影响。

7 主要结论与政策建议

针对关于一段时期以来国有企业绩效改善原因的争论，本文实证考察了改革、垄断和行业周期三类因素对国有企业效率和效益两大类绩效的影响，并通过因素分解得到了三类因素影响的具体占比情况。

回归结果显示：就改革因素而言，国有股权比重低的国有企业绩效更好；中央企业比地方国有企业的生产效率更高，但财务效益无显著差异；劳动力成本低的国有企业绩效更好。就垄断因素而言，所在行业集中度高的国有企业绩效更好；垄断性国有企业绩效更好；但行业进口渗透率对国有企业绩效的影响主要是不显著的；进口比例高的国有企业生产效率更高，但财务效益没有明显差异；出口对国有企业绩效的影响主要是负面的，外资竞争压力小的国有企业生产效率更高，但财务效益无显著差异。就行业周期因素而言，重化工行业的国有企业绩效更好。进一步的因素分解发现，改革、垄断和行业周期等因素对国有企业效率及财务效益的影响程度不同。以包含了企业进口的样本为例，按各因素的重要性排序，具体为：行业周期因素分别为44.45%和18.85%；垄断因素分别为7%和4.21%；改革因素分别为6.8%和19.87%。

为此，我们提出如下政策建议。

首先，国有股权比重对企业绩效普遍有负面效应，在保证关系国家安全和国计民生的战略性产业领域国有资本居于绝对主导地位的前提下，一般竞争性领域应该以盘活国有资本存量、引导社会资本投资、培育真正的市场主体为目标深化改革。在明确分类管理的基础上，大多数领域中的国有企业要完全实现公司化和股权多元化，国有上市公司要以总体上减少股权比重为方向优化股权结构和治理结构。

其次，处于垄断性行业领域的国有企业不仅有较高的财务绩效，也有较高的效率绩效。我们在分析这些国有企业绩效的时候，应该全面评估其来源，到底是主要来自其垄断地位，还是由于具有某种规模经济优势，并据此制定相应的政策。而且，要坚定不移地推进垄断行业改革，把行业改革与企业改革相结合。

再次，对外贸易和引进外资对国有企业绩效有负面影响，但影响都非常小，而对外开放带来的整体国家利益很大。应该继续扩大对外开放，构建对外开放新体制，国有企业应选择与自身优势和能力相适应的全球化实现方式，进一步提升国际化产业整合能力和资源配置能力，不断提升国有企业在全球产业分工和价值链中的地位。

最后，行业周期因素对国有企业1998—2007年的绩效表现影响非常大，这一阶段国有企业绩效的改善在很大程度上要归功于投资拉动的经济增长方式。在转向高质量发展阶段后，国有企业必须把创新作为提升效率和效益的根本因素，不断提高劳动生产率、资本利润率和全要素生产率。此外，要适应全球产业转移的规律，利用好"一带一路"的重大机遇，在控制好风险的前提下，加大在沿线国家的投资和市场合作。

参考文献

[1] 白重恩，路江涌，陶志刚. 国有企业改制效果的实证研究 [J]. 经济研究，2006（8）.

[2] 陈勇兵，仉荣，曹亮. 中间品进口会促进企业生产率增长吗——基于国有企业微观数据的分析 [J]. 财贸经济，2012（3）.

[3] 方军雄. 所有制、制度环境与信贷资金配置 [J]. 经济研究，2007（12）.

[4] 龚关，胡关亮. 中国制造业企业的进入退出与生产率动态演化 [J]. 经济研究，2013（4）.

[5] 胡一帆，宋敏，张俊喜. 竞争、产权、公司治理三大理论的相对重要性及交互关系 [J]. 经济研究，2005（9）.

[6] 胡一帆，宋敏，张俊喜. 中国国有企业民营化绩效研究 [J]. 经济研究，2006（7）.

[7] 蒋殿春，张宇. 经济转型与外商直接投资技术溢出效应 [J]. 经济研究，2008（7）.

[8] 李春顶. 中国出口企业是否存在"生产率悖论"：基于中国制造业企业数据的检验 [J]. 世界经济，2010（7）.

[9] 李春顶，尹翔硕. 中国出口企业的"生产率悖论"及其解释 [J]. 财贸经济，2009（11）.

[10] 李春涛，宋敏. 中国制造业企业的创新活动：所有制和 CEO 激励的作用 [J]. 经济研究，2010（5）.

[11] 刘瑞明，石磊. 上游垄断、非对称竞争与社会福利——兼论大中型国有企业利润的性质 [J]. 经济研究，2011（12）.

[12] 刘芍佳，丛树海. 创值论及其对企业绩效的评估 [J]. 经济研究，2002（7）.

[13] 刘小玄. 中国转轨经济中的产权结构和市场结构——产业绩效水平的决定因素 [J]. 经济研究，2003（1）.

[14] 刘小玄. 民营化改制对中国产业效率的效果分析——2001 年全国普查工业数据的分析 [J]. 经济研究，2004（8）.

[15] 陆正飞，王雄元，张鹏. 国有企业支付了更高的职工工资吗？[J]. 经济研究，2012（3）

[16] 路江涌．外商直接投资对内资企业生产效率的影响和渠道［J］．经济研究，2008（6）．

[17] 毛其淋，盛斌．产品替代性与生产率分布——基于中国制造业企业数据的实证［J］．经济研究，2013（4）．

[18] 聂辉华，江艇，杨汝岱．中国工业企业数据库的使用现状和潜在问题［J］．世界经济，2012（5）．

[19] 世界银行．2030 年的中国［EB/OL］．（2012）http：//www – wds. world-bank. org/.

[20] 王德文，王美艳，陈兰．中国工业的结构调整、效率与劳动配置［J］．经济研究，2004（4）．

[21] 王勇．国务院关于国有企业改革与发展工作情况的报告［EB/OL］．（2012）http：//www. npc. gov. cn/.

[22] 吴联生．国有股权、税收优惠与公司税负［J］．经济研究，2009（10）．

[23] 武常岐，钱婷．集团控制与国有企业治理［J］．经济研究，2011（6）．

[24] 吴延兵．国有企业双重效率损失研究［J］．经济研究，2012（3）．

[25] 杨记军，逯东，杨丹．国有企业的政府控制权转让研究［J］．经济研究，2010（2）．

[26] 姚洋．非国有经济成分对中国工业企业技术效率的影响［J］．经济研究，1998（12）．

[27] 余淼杰．中国的贸易自由化与制造业企业生产率［J］．经济研究，2010（12）．

[28] 曾庆生，陈信元．国家控股、超额雇员与劳动力成本［J］．经济研究，2006（5）．

[29] 张文魁．国有企业需要新一轮改革［N］．中国经济时报，2013 – 05 – 07.

[30] Aitken, B. , and A. Harrison. *Do Domestic Firms Benefit from Direct Foreign Investment？Evidence from Venezuela*［J］. American Economic Review，1999，89（3）：605 – 618.

[31] Bai Chong – En, David D. Li, Zhigang Tao, Yijiang Wang. *A Multitask Theory of State Enterprise Reform*［J］. Journal of Comparative Economics，2000，28（4）：716 – 738.

[32] Bai Chong – En & LuJiangyong & Tao Zhigang. *How does privatization work in China?*［J］. Journal of Comparative Economics, Elsevier，2009，37（3）：453 – 470.

[33] Barnett V. and Lewis T. . *Outliers in statistical data*［M］. Chichester：John Wiley，1994.

［34］ Bernard Andrew B. , and Jensen J. *Bradford. Exceptional Exporter Perform-ance: Cause, Effect, or Both?* ［J］. Journal of International Economics, 1999 (47): 1 – 25.

［35］ Bernard Andrew B. , and Jensen J. *Bradford. Why Some Firms Export* ［J］. Review of Economics and Statistics, 2004 (86): 561 – 569.

［36］ Brandt Loren, Johannes VanBiesebroeck, and Yifan Zhang. *Creative Account-ing or Creative Destruction? Firm – Level Productivity Growth in Chinese Manu-facturing* ［J］. Journal of Development Economics, 2012, 97 (2): 339 – 351.

［37］ Cai H. B. , and Q. Liu. *Competition and Corporate Tax Avoidance: Evidence form Chinese Industrial Firms* ［J］. Economic Journal, 2009 (119): 764 – 795.

［38］ Dai Mi, Madhura Maitra and Miaojie Yu. *Unexceptional Exporter Performance in China? The Role of Processing Trade* ［R］. Working Paper, Columbia Univer-sity, 2012.

［39］ Hsieh Chang – Tai, and Klenow Peter. *Misallocation and Manufacturing TFP in China and India* ［J］. Quarterly Journal of Economics, 2009, 124 (4): 1403 – 1448.

［40］ Huettner Frank, Sunder Marco. *Axiomatic arguments for decomposing goodness of fit according to Shapley and Owen values* ［J］. Electronic Journal of Statis-tics, 2012 (6): 1239 – 1250.

［41］ Kornai Janos. *The Postsocialist Transition and the State: Reflections in the Light of Hungarian Fiscal Problems* ［J］. American Economic Review, American E-conomic Association, 1992, 82 (2): 1 – 21.

［42］ Levinsohn J. , and A. Petrin. *Estimating production functions using inputs to control for unobservables* ［J］. Review of Economic Studies, 2003, 70 (2): 317 – 342.

［43］ Li Wei. *The Impact of Economic Reform on the Performance of Chinese State En-terprises, 1980 – 1989* ［J］. Journal of Political Economy, 1997, 105 (5): 1080 – 1106.

［44］ Lin J. Y. , F. Cai, and Z. Li. *Competition, Policy Burdens, and State – Owned Enterprise Reform* ［J］. American Economic Review, 1998, 88 (2): 422 – 427.

［45］ Li David D. , Minsong Liang. *Causes of the Soft Budget Constraint: Evidence on Three Explanations* ［J］. Journal of Comparative Economics, 1998, 26 (1): 104 – 116.

［46］ Li Xi & Liu Xuewen & Wang Yong. *A Model of China's State Capitalism* ［R］.

Working Paper, 2012.

[47] Lu. Dan. *Exceptional Exporter Performance? Evidence from Chinese Manufacturing Firms* [R]. Working Paper, 2010.

[48] Lu Jiangyong & Lu Yi & Tao Zhigang. *Exporting behavior of foreign affiliates: Theory and evidence* [J]. Journal of International Economics, Elsevier, 2010, 81 (2): 197 – 205.

[49] Melitz. *The Impact of Trade on Intra – industry Reallocations and Aggregate Industry Productivity* [J]. Econometrica, 2003, 71 (6): 1695 – 1725

[50] Olley G. S., and A. Pakes. *The dynamics of productivity in the telecommunications equipment industry* [J]. Econometrica, 1996 (64): 1263 – 1297.

[51] Owen G.. *Values of games with a priori unions* [A] //Essays in Mathematical Economics & Game Theory (R. Henn and O. Moeschlin, eds.) 76 – 88. Springer, Berlin et al.

[52] Shapley L. S. *A value for n – person games* [A] //H. W. Kuhn and A. W. Tucker, eds. Contributions to the Theory of Games). Princeton University Press, Princeton, 1953: 307 – 317.

[53] Shleifer Andrei, and Robert WVishny. *Politics Of Market Socialism* [J]. Journal of Economic Perspectives, 1994, 8 (2): 165 – 176.

[54] Song Zheng, Storesletten Kjetil and Zilibotti Fabrizio. *Growing Like China* [J]. American Economic Review, 2011 (101): 202 – 241.

[55] Wagner J. *Exports and productivity: a survey of the evidence from firm – level data* [J]. The World Economy, 2007, 30 (1): 60 – 82.

[56] Wagner J. *International trade and firm performance: a survey of empirical studies since 2006* [J]. Review of World Economics (Weltwirtschaftliches Archiv), 2012, 148 (2): 235 – 267

[57] Zhang Anming, Yimin Zhang, and Ronald Zhao. *Impact of Ownership and Competition on the Productivity of Chinese Enterprises* [J]. Journal of Comparative Economics, 2001 (29): 327 – 346.

Reform, Monopoly, Industrial Business Cycle and SOE's Performance Empirical evidence based onstate – owned enterprises from Chinese industrial sector during 1998 – 2007

Zhao changwen　Li bing　Li tao　Xiang anbo

(Business School, Sichuan University; Development Research Center of the State

Council)

(School of International Trade and Economics, Central University of Finance and Economics)

(School of Economics, Central University of Finance and Economics)

(Enterprise Research Institute, Development Research Center of the State Council)

Abstract　China's State – owned Enterprises (SOEs) improved their performance significantly since 1998 and before 2008 global financial crisis. However, there is no consensus on what factors determined the performance of SOEs. This paper investigates the effects of major factors on the performance of SOEs by using the Industrial Survey data from 1998 to 2007. We classify there factors into three main categories, reform factor, competition factor and industrial cyclical factor. And decompose the effects for relative importance and find that all these three factors played important role in the performance of SOEs.

In the decomposition, we find that industrial cyclical factors play an important role in determining the productivity and financial performance of the explained part, and account for 44. 45% and 18. 85% respectively; competition factors account for 7% and 4. 21% respectively; reform factors account for 6. 8% and 19. 87% respectively. Some policy suggestions are proposed based on our findings.

Key words　State – owned Enterprises　Productivity　Financial Performance　Decomposition

附录

附表 1　国有企业绩效的影响因素（样本二，完整模型）

	TFP_ OP	TFP_ LP	TFP_ OLS	LP
	Panel A：效率指标			
国有股份额	− 0. 030 ***	− 0. 013 ***	− 0. 147 ***	− 0. 160 ***
	[0. 003]	[0. 003]	[0. 008]	[0. 009]
中央企业	0. 072 ***	0. 049 ***	0. 196 ***	0. 192 ***
	[0. 004]	[0. 004]	[0. 009]	[0. 010]
实际税务负担	0	0	0. 003 *	0. 004 **
	[0. 000]	[0. 000]	[0. 002]	[0. 002]
补贴	− 0. 920 ***	− 0. 708 ***	− 2. 209 ***	− 2. 398 ***
	[0. 050]	[0. 041]	[0. 100]	[0. 111]
实际债务成本	− 0. 048	− 0. 366 ***	2. 622 ***	2. 048 ***
	[0. 051]	[0. 043]	[0. 105]	[0. 117]

续表

	TFP_ OP	TFP_ LP	TFP_ OLS	LP
负债率	-0.150***	-0.129***	-0.292***	-0.292***
	[0.005]	[0.004]	[0.009]	[0.010]
市场集中度 HHI	0.004**	0.010***	-0.054***	-0.034***
	[0.002]	[0.001]	[0.003]	[0.004]
企业市场份额	3.687***	2.603***	15.958***	10.641***
	[0.154]	[0.142]	[0.342]	[0.387]
进口渗透率	-0.000**	0	-0.001***	-0.001**
	[0.000]	[0.000]	[0.000]	[0.000]
企业进口比例	0.003***	0.003***	0.014***	0.018***
	[0.001]	[0.001]	[0.002]	[0.002]
企业出口依赖程度	-0.006	-0.038***	-0.018	-0.234***
	[0.008]	[0.006]	[0.018]	[0.021]
外资竞争	-0.001***	-0.001***	-0.001***	0.001***
	[0.000]	[0.000]	[0.000]	[0.000]
地区 GDP 总量	0.011***	0.005**	0.040***	0.034***
	[0.003]	[0.002]	[0.006]	[0.006]
地区人均 GDP	0.028***	0.023***	0.065***	0.167***
	[0.004]	[0.003]	[0.008]	[0.008]
新产品比例	-0.003	-0.011	0.120***	0.158***
	[0.008]	[0.007]	[0.018]	[0.020]
企业年龄	0	0	-0.006***	-0.013***
	[0.000]	[0.000]	[0.000]	[0.000]
资产规模	-0.033***	-0.006***	0.064***	0.162***
	[0.001]	[0.001]	[0.002]	[0.002]
劳动力成本	-0.030***	-0.019***	-0.288***	-0.306***
	[0.002]	[0.001]	[0.004]	[0.005]
重化工业	0.084*	0.076	0.485***	0.101
	[0.050]	[0.047]	[0.057]	[0.146]
GDP 增长率	-0.002**	-0.008***	0.026***	0.161***
	[0.001]	[0.001]	[0.002]	[0.003]
常数项	0.564***	1.309***	-4.200***	-17.035***
	[0.125]	[0.113]	[0.247]	[0.304]
样本数	127751	122731	121732	128022
拟合优度 R^2	0.129	0.137	0.305	0.41

注：中括号中的数字是稳健的标准差。所有回归中都控制了年的固定效应、省的固定效应、2 位数产业固定效应。所有自变量取滞后一期。

***$p<0.01$，**$p<0.05$，*$p<0.1$。

Panel B：财务绩效				
	ROE	EBIT_ ROA	ROS	EVA
国有股份额	− 0. 020 ***	− 0. 008 ***	− 0. 032 ***	− 404. 759
	[0. 004]	[0. 001]	[0. 002]	[4370. 896]
中央企业	0. 002	− 0. 001	0. 022 ***	− 117743. 999 ***
	[0. 005]	[0. 001]	[0. 003]	[7172. 278]
实际税务负担	0	0	0	297. 669
	[0. 000]	[0. 000]	[0. 001]	[183. 824]
补贴	− 0. 082	− 0. 081 ***	− 0. 316 ***	24131. 57
	[0. 051]	[0. 007]	[0. 043]	[39305. 146]
实际债务成本	0. 317 ***	0. 031 ***	− 0. 155 ***	431945. 090 ***
	[0. 050]	[0. 011]	[0. 028]	[47072. 850]
负债率	0. 050 ***	− 0. 048 ***	− 0. 140 ***	133821. 346 ***
	[0. 004]	[0. 001]	[0. 004]	[3734. 633]
市场集中度 HHI	0	0	− 0. 007 ***	34038. 823 ***
	[0. 002]	[0. 000]	[0. 001]	[1492. 654]
企业市场份额	1. 559 ***	0. 644 ***	2. 009 ***	− 1. 730e + 07 ***
	[0. 155]	[0. 031]	[0. 082]	[429336. 283]
进口渗透率	0	0	0	728. 865 ***
	[0. 000]	[0. 000]	[0. 000]	[93. 899]
企业进口比例	0. 002 **	0. 001 ***	0. 002 ***	− 9705. 767 ***
	[0. 001]	[0. 000]	[0. 000]	[1524. 665]
企业出口依赖程度	− 0. 026 ***	− 0. 013 ***	0. 010 **	111927. 053 ***
	[0. 009]	[0. 002]	[0. 005]	[7636. 528]
外资竞争	0	0	− 0. 000 ***	− 1809. 547 ***
	[0. 000]	[0. 000]	[0. 000]	[108. 527]
地区 GDP 总量	0. 012 ***	0. 003 ***	0. 007 ***	8293. 113 ***
	[0. 003]	[0. 000]	[0. 002]	[2653. 049]
地区人均 GDP	− 0. 003	− 0. 002 ***	− 0. 005 **	− 21913. 993 ***
	[0. 004]	[0. 001]	[0. 002]	[3774. 388]
新产品比例	0. 003	0. 001	0. 022 ***	89818. 339 ***
	[0. 009]	[0. 002]	[0. 005]	[11144. 207]
企业年龄	− 0. 001 ***	− 0. 000 ***	− 0. 001 ***	236. 313 **
	[0. 000]	[0. 000]	[0. 000]	[93. 688]
资产规模	− 0. 005 ***	0. 001 ***	0. 001	− 103808. 862 ***

续表

	ROE	EBIT_ ROA	ROS	EVA
	[0.001]	[0.000]	[0.001]	[1280.854]
劳动力成本	-0.012***	-0.009***	-0.054***	-182.258
	[0.002]	[0.000]	[0.002]	[678.073]
重化工业	0.001	0.038***	0.125***	-276597.078***
	[0.055]	[0.004]	[0.021]	[17375.697]
GDP 增长率	0.012***	0.006***	0.010***	-32847.515***
	[0.001]	[0.000]	[0.001]	[1386.616]
常数项	-1.224***	-0.582***	-0.963***	4547507.944***
	[0.137]	[0.023]	[0.064]	[150505.972]
样本数	128578	129052	129052	129052
拟合优度 R^2	0.012	0.144	0.122	0.359

注：中括号中的数字是稳健的标准差。所有回归中都控制了年的固定效应、省的固定效应、2 位数产业固定效应。所有自变量取滞后一期。

* * * p<0.01，* * p<0.05，* p<0.1。

附表 2　国有企业绩效的影响因素（样本一，无企业进口模型）

Panel A：效率指标			
	TFP_ OP	TFP_ LP	TFP_ OLS	LP
---	---	---	---	---
国有股份额	-0.036***	-0.020***	-0.125***	-0.105***
	[0.004]	[0.003]	[0.008]	[0.009]
企业年龄	0.000***	0.000***	-0.005***	-0.011***
	[0.000]	[0.000]	[0.000]	[0.000]
中央企业	0.097***	0.063***	0.226***	0.209***
	[0.004]	[0.004]	[0.009]	[0.010]
实际税务负担	0	0	0.003**	0.003**
	[0.000]	[0.000]	[0.002]	[0.001]
政府补贴	-0.958***	-0.723***	-2.185***	-2.461***
	[0.046]	[0.037]	[0.087]	[0.092]
实际债务成本	0.016	-0.444***	2.728***	1.968***
	[0.048]	[0.040]	[0.092]	[0.099]
负债率	-0.158***	-0.126***	-0.299***	-0.287***
	[0.004]	[0.004]	[0.009]	[0.009]

续表

	TFP_OP	TFP_LP	TFP_OLS	LP
市场集中度 HHI	0.001	0.007 ***	− 0.049 ***	− 0.034 ***
	[0.002]	[0.001]	[0.003]	[0.004]
企业市场份额	4.175 ***	2.793 ***	15.844 ***	10.235 ***
	[0.167]	[0.151]	[0.348]	[0.382]
进口渗透率	0	0	− 0.000 *	0
	[0.000]	[0.000]	[0.000]	[0.000]
企业出口依赖程度	− 0.006	− 0.044 ***	0.063 ***	− 0.146 ***
	[0.009]	[0.007]	[0.019]	[0.021]
外资竞争	− 0.001 ***	− 0.001 ***	− 0.002 ***	− 0.000 *
	[0.000]	[0.000]	[0.000]	[0.000]
新产品比例	0.022 **	− 0.006	0.223 ***	0.252 ***
	[0.010]	[0.008]	[0.020]	[0.022]
资产规模	− 0.034 ***	− 0.007 ***	0.065 ***	0.156 ***
	[0.001]	[0.001]	[0.002]	[0.002]
劳动力成本	− 0.029 ***	− 0.019 ***	− 0.268 ***	− 0.280 ***
	[0.001]	[0.001]	[0.003]	[0.003]
地方 GDP 总量	0.021 ***	0.009 ***	0.026 ***	0.008
	[0.003]	[0.002]	[0.005]	[0.005]
地方人均 GDP	0.011 ***	0.014 ***	0.068 ***	0.163 ***
	[0.004]	[0.003]	[0.007]	[0.007]
GDP 增长率	− 0.006 ***	− 0.015 ***	0.023 ***	0.222 ***
	[0.001]	[0.001]	[0.002]	[0.003]
重化工业	0.144 ***	0.147 ***	0.396 ***	0.092 *
	[0.022]	[0.034]	[0.048]	[0.048]
常数项	1.016 ***	2.096 ***	− 3.781 ***	− 23.647 ***
	[0.134]	[0.123]	[0.267]	[0.290]
样本数	151411	143932	143168	152497
拟合优度 R^2	0.141	0.154	0.28	0.378

注：中括号中的数字是稳健的标准差。所有回归中都控制了年的固定效应、省的固定效应、2 位数产业固定效应。所有自变量取滞后一期。

* * * p < 0.01, * * p < 0.05, * p < 0.1。

	ROE	EBIT_ ROA	ROS	EVA
			Panel B：财务绩效		
国有股份额	− 0. 021 ***	− 0. 006 ***	− 0. 035 ***	12550. 728 ***
	[0. 004]	[0. 001]	[0. 002]	[4036. 187]
企业年龄	− 0. 001 ***	− 0. 000 ***	− 0. 001 ***	133. 540 *
	[0. 000]	[0. 000]	[0. 000]	[75. 778]
中央企业	− 0. 007	− 0. 002 ***	0. 025 ***	− 77964. 124 ***
	[0. 005]	[0. 001]	[0. 003]	[5903. 407]
实际税务负担	0	0	0. 001	121. 575 **
	[0. 000]	[0. 000]	[0. 001]	[48. 746]
政府补贴	− 0. 062	− 0. 076 ***	− 0. 364 ***	− 8282. 66
	[0. 046]	[0. 006]	[0. 039]	[30721. 978]
实际债务成本	0. 283 ***	− 0. 01	− 0. 272 ***	404575. 406 ***
	[0. 044]	[0. 009]	[0. 028]	[27854. 393]
负债率	0. 061 ***	− 0. 046 ***	− 0. 160 ***	96958. 267 ***
	[0. 004]	[0. 001]	[0. 004]	[2740. 113]
市场集中度 HHI	0. 001	0. 001 ***	− 0. 007 ***	23212. 635 ***
	[0. 002]	[0. 000]	[0. 001]	[1110. 389]
企业市场份额	1. 306 ***	0. 508 ***	2. 405 ***	− 1. 640e + 07 ***
	[0. 159]	[0. 027]	[0. 091]	[418836. 312]
进口渗透率	0	0	0	765. 938 ***
	[0. 000]	[0. 000]	[0. 000]	[72. 450]
企业出口依赖程度	− 0. 016	− 0. 010 ***	0. 028 ***	87481. 709 ***
	[0. 010]	[0. 001]	[0. 006]	[6084. 388]
外资竞争	0	− 0. 000 **	− 0. 001 ***	− 1021. 166 ***
	[0. 000]	[0. 000]	[0. 000]	[79. 026]
新产品比例	0. 030 ***	0. 008 ***	0. 051 ***	115075. 223 ***
	[0. 010]	[0. 001]	[0. 007]	[10092. 319]
资产规模	− 0. 007 ***	0. 000 ***	0	− 73288. 197 ***
	[0. 001]	[0. 000]	[0. 001]	[1041. 471]
劳动力成本	− 0. 010 ***	− 0. 007 ***	− 0. 055 ***	407. 107
	[0. 001]	[0. 000]	[0. 001]	[460. 945]
地方 GDP 总量	0. 006 **	0. 002 ***	0. 006 ***	5157. 429 ***
	[0. 002]	[0. 000]	[0. 002]	[1728. 810]
地方人均 GDP	0. 004	− 0. 001 **	− 0. 004 *	− 20658. 485 ***

续表

	ROE	EBIT_ ROA	ROS	EVA
	[0.003]	[0.000]	[0.002]	[2593.796]
GDP 增长率	0.016***	0.007***	0.014***	-22477.462***
	[0.001]	[0.000]	[0.001]	[1511.844]
重化工业	0.052*	0.013***	0.053***	-171687.758***
	[0.030]	[0.004]	[0.016]	[13567.520]
常数项	-1.719***	-0.657***	-1.366***	3046772.384***
	[0.151]	[0.025]	[0.072]	[162103.158]
样本数	152685	153304	153304	153304
拟合优度 R^2	0.009	0.115	0.116	0.318

注：中括号中的数字是稳健的标准差。所有回归中都控制了年的固定效应、省的固定效应、2 位数产业固定效应。所有自变量取滞后一期。

***p<0.01，**p<0.05，*p<0.1。

附表3 国有企业绩效的影响因素（样本一，无企业进口、无新产品模型）

Panel A：效率指标			
	TFP_ OP	TFP_ LP	TFP_ OLS	LP
国有股份额	-0.035***	-0.019***	-0.126***	0.104***
	[0.004]	[0.003]	[0.008]	[0.009]
企业年龄	0.000***	0.000***	-0.005***	-0.011***
	[0.000]	[0.000]	[0.000]	[0.000]
中央企业	0.097***	0.065***	0.223***	0.205***
	[0.004]	[0.004]	[0.009]	[0.009]
实际税务负担	0	0	0.003**	0.003**
	[0.000]	[0.000]	[0.002]	[0.002]
政府补贴	-0.940***	-0.709***	-2.250***	-2.537***
	[0.044]	[0.035]	[0.083]	[0.088]
实际债务成本	0.025	-0.418***	2.707***	1.962***
	[0.045]	[0.038]	[0.089]	[0.096]
负债率	-0.155***	-0.125***	-0.295***	-0.284***
	[0.004]	[0.003]	[0.008]	[0.009]
市场集中度 HHI	0.001	0.005***	-0.043***	-0.030***
	[0.002]	[0.001]	[0.003]	[0.003]
企业市场份额	4.247***	2.834***	15.924***	10.282***
	[0.158]	[0.143]	[0.331]	[0.366]

续表

	TFP_ OP	TFP_ LP	TFP_ OLS	LP
进口渗透率	0	0	- 0.000 *	0
	[0.000]	[0.000]	[0.000]	[0.000]
企业出口依赖程度	- 0.005	- 0.046 ***	0.065 ***	- 0.144 ***
	[0.009]	[0.007]	[0.019]	[0.020]
外资竞争	- 0.001 ***	- 0.001 ***	- 0.002 ***	- 0.001 **
	[0.000]	[0.000]	[0.000]	[0.000]
资产规模	- 0.035 ***	- 0.008 ***	0.068 ***	0.162 ***
	[0.001]	[0.001]	[0.002]	[0.002]
劳动力成本	- 0.029 ***	- 0.019 ***	- 0.268 ***	- 0.280 ***
	[0.001]	[0.001]	[0.003]	[0.003]
地区 GDP 总量	0.020 ***	0.008 ***	0.027 ***	0.009 *
	[0.003]	[0.002]	[0.005]	[0.005]
地区人均 GDP	0.012 ***	0.015 ***	0.068 ***	0.166 ***
	[0.004]	[0.003]	[0.007]	[0.007]
GDP 增长率	- 0.005 ***	- 0.015 ***	0.023 ***	0.221 ***
	[0.001]	[0.001]	[0.002]	[0.003]
重化工业	0.214 ***	0.143 ***	0.417 ***	0.110 **
	[0.046]	[0.018]	[0.045]	[0.046]
常数项	0.846 ***	2.015 ***	- 3.842 ***	- 23.681 ***
	[0.139]	[0.118]	[0.266]	[0.287]
样本数	165203	157230	156422	166469
拟合优度 R^2	0.136	0.146	0.281	0.38

注：中括号中的数字是稳健的标准差。所有回归中都控制了年的固定效应、省的固定效应、2 位数产业固定效应。所有自变量取滞后一期。

* * * p < 0.01 , * * p < 0.05 , * p < 0.1。

Panel B：财务绩效			
	ROE	EBIT_ ROA	ROS	EVA
国有股份额	- 0.021 ***	- 0.006 ***	- 0.033 ***	9402.190 **
	[0.004]	[0.001]	[0.002]	[3875.106]
企业年龄	- 0.001 ***	- 0.000 ***	- 0.001 ***	157.050 **
	[0.000]	[0.000]	[0.000]	[73.875]
中央企业	- 0.006	- 0.002 ***	0.025 ***	- 74861.789 ***
	[0.005]	[0.001]	[0.003]	[5603.706]

续表

	ROE	EBIT_ ROA	ROS	EVA
实际税务负担	0	0. 000 *	0. 001	140. 315 **
	[0. 000]	[0. 000]	[0. 001]	[57. 009]
政府补贴	− 0. 079 *	− 0. 080 ***	− 0. 363 ***	1491. 03
	[0. 044]	[0. 006]	[0. 037]	[29831. 337]
实际债务成本	0. 275 ***	− 0. 003	− 0. 252 ***	417428. 553 ***
	[0. 043]	[0. 009]	[0. 026]	[27439. 346]
负债率	0. 062 ***	− 0. 046 ***	− 0. 156 ***	99668. 611 ***
	[0. 003]	[0. 001]	[0. 003]	[2654. 222]
市场集中度 HHI	0. 001	0. 001 ***	− 0. 007 ***	23482. 890 ***
	[0. 002]	[0. 000]	[0. 001]	[1069. 596]
企业市场份额	1. 344 ***	0. 508 ***	2. 428 ***	− 1. 629e + 07 ***
	[0. 153]	[0. 026]	[0. 086]	[401923. 365]
进口渗透率	0	0	0	741. 110 ***
	[0. 000]	[0. 000]	[0. 000]	[69. 560]
企业出口依赖程度	− 0. 01	− 0. 010 ***	0. 028 ***	94064. 260 ***
	[0. 010]	[0. 001]	[0. 006]	[5988. 888]
外资竞争	0	− 0. 000 ***	− 0. 001 ***	− 1025. 978 ***
	[0. 000]	[0. 000]	[0. 000]	[77. 766]
资产规模	− 0. 007 ***	0. 001 ***	0	75350. 279 ***
	[0. 001]	[0. 000]	[0. 001]	[1005. 133]
劳动力成本	− 0. 010 ***	− 0. 007 ***	− 0. 054 ***	− 224. 486
	[0. 001]	[0. 000]	[0. 001]	[471. 941]
地区 GDP 总量	0. 005 **	0. 002 ***	0. 006 ***	4424. 117 ***
	[0. 002]	[0. 000]	[0. 002]	[1704. 862]
地区人均 GDP	0. 005	− 0. 001 ***	− 0. 004 *	− 21389. 170 ***
	[0. 003]	[0. 000]	[0. 002]	[2530. 015]
GDP 增长率	0. 015 ***	0. 007 ***	0. 014 ***	− 21538. 657 ***
	[0. 001]	[0. 000]	[0. 001]	[1510. 618]
重化工业	0. 066 **	0. 016 ***	0. 050 ***	− 174417. 898 ***
	[0. 029]	[0. 004]	[0. 015]	[13274. 610]
常数项	− 1. 711 ***	− 0. 662 ***	− 1. 396 ***	2976777. 611 ***
	[0. 150]	[0. 025]	[0. 072]	[161970. 938]
样本数	166639	167329	167329	167329
拟合优度 R^2	0. 009	0. 115	0. 116	0. 32

注：中括号中的数字是稳健的标准差。所有回归中都控制了年的固定效应、省的固定效应、2 位数产业固定效应。所有自变量取滞后一期。

* * * $p < 0.01$, * * $p < 0.05$, * $p < 0.1$。

中国金融学

China Journal of Finance

人力资本分享企业所有权的一般理论

吴志峰[①]

摘　要　本文从理论上论证了人力资本分享企业财产所有权的逻辑。笔者由企业性质的生产性，说明企业才是社会价值创造的载体。首先论证了物质资本与人力资本的组合是企业价值创造的来源，而企业家等异质型人力资本是企业价值创造的核心，理应分享企业财产权。其次从实然层面，分析人力资本能否分享企业财产权取决于其与企业股东谈判的地位，讨论了企业所有权分配的动态性，最后一般性地总结了全文的观点，并提出以增量股权激励作为人力资本分享企业财产权的方式。

关键词　人力资本　企业剩余　所有权分配

2017 年 12 月 28 日，中国联通发布公告称，国务院国资委已批复同意其实施限制性股票激励计划，首次授股为 84788 万股，人数 7550 人，激励的对象主要为公司核心管理人才及专业人才。中国联通是党的十八大后国资委确定的首批实施混合所有制改革的中央企业，其改革方案除了引入"BATJ"四大互联网公司战略入股外，其突出特点是实行干部员工股权激励。笔者认为国企改革的主要内容是建立对管理层和员工的长期激励机制，如此才能协调国有股东与管理层和员工的利益，解决好国有企业的委托代理关系。对管理层和员工实行股权激励理应是混合所有制改革的核心内容。

为此，必须在理论上论证人力资本分享企业财产所有权的逻辑，本文分五步论证了这个逻辑并总结了这个逻辑的一般理论：一是科斯的企业性质只强调了其交易性而忽视了生产性，由企业的生产性才能理解企业是社会价值创造的载体；二是论证物质资本与人力资本的组合是企业价值创造的来源；三是在人力资本当中，企业家等异质型人力资本越来越成为企业价值创造的核心；四是主流企业理论对"资本强权观"的辩护反证了经营管理者分享企业剩余的必要性；五是分析异质型人力资本地位的上升与企业所有权分配的动态性。从而完整地论证了这个逻辑，最后一般性地总结了本文的观点，并提出以增量股权激励作为人力资本分享企业财产权的方式。

---

①　吴志峰，国家开发银行研究院，中国人民大学国际货币研究所，金融学博士。

1 企业的科斯性质忽略了企业价值创造的生产性

自从科斯那篇著名论文《企业的性质》（1937）发表后，经过 20 世纪 70 年代以来汗牛充栋的文献积累，主流企业理论已近乎完全认同科斯的思想，即企业和市场是组织企业经济活动的两种形式，企业是作为市场替代的存在，企业的出现是因为它节省市场交易成本，而企业的边界止于企业的边际组织成本与市场的边际交易成本相等的那一刻。

科斯认为企业的功能是节约交易成本，然而他对交易成本的阐述是模糊不清的。在他的那篇著名论文发表三十多年后，威廉姆森（1975、1979、1980、1985）和克莱因（1978）等人发展了科斯的交易成本理论，同样是将市场和企业看作组织经济活动的不同形式，科斯强调的是价格发现和谈判成本，而威廉姆森等强调的是资产专用性与机会主义。他们将企业看成生产环节纵向一体化的组织，每个生产环节之间为什么不以市场交易的方式，而是以纵向一体化即企业组织的方式进行呢？对此，威廉姆森提出了三个假设：一是有限理性，即人的认知能力受环境复杂性和不确定性限制，从而不是完全充分和无所不能的；二是资产专用性，即一项资产用于某一用途比其他用途的价值要高得多，从而一项专用于某一资产的投资一旦被废止或挪作他用就会产生沉没成本，给投资人造成损失；三是人的机会主义倾向，即"狡诈地追求利润的利己主义"，指经济人可能不择手段地追求自己利益的最大化。威廉姆森认为，这三项假设如果不是同时存在，交易成本也就不存在，但实际上如果构成上下游关系的两个厂家通过市场交易进行，一家（如上游企业）为生产进行了专用性投资，另一家（如下游企业）知道专用性投资会产生沉没成本，因此他如果要挟上游企业降低售价，上游企业将无法不答应，专用性投资者的准租金被剥削。而上游企业知道下游企业可能要挟自己降价，因此在进行专用性投资时就会拒绝或减少投资。防止准租金被剥削的办法就是建立共同所有权或垂直一体化的机制，于是企业因为节约了市场机会主义成本而取代了市场。

张五常（Cheung, 1983）否认了企业能消除机会主义的观点，他认为只不过是将机会主义从市场带到了企业，同时他也否认企业是用"权威""计划"等非市场方式取代了价格机制的市场方式，企业对市场的取代只是用要素市场代替产品市场。张五常是坚定的自由市场主义者，他的贡献在于，当人们以为以企业取代市场可以作为计划经济取代市场经济的托词时，他说明了企业本身也只不过是一个市场契约。但除此以外，张五常的观点并没有超出科斯关于企业与市场的"替代"逻辑。

科斯等人的重要贡献在于提出了交易成本的分析方法，然而这样的分析完全舍弃了企业的另一本质特征，即企业的生产—销售特性，未能认识到公司的最重要特征乃是对生产—销售过程的管理，无论是对一个小公司，还是像通用汽车那样的大公司，情况都是这样。市场不能产生生产单位和消费单位，它只能把它们联系起来。迪屈奇（1999）进而认为，科斯声称的"公司的显著特征是对价格机制的取代"并不成立，因为"声称公司在取代市场，是在想当然地认为市场能够在没有公司的情况下存在。这是不可能的。因为不存在公司意味着没有生产，这进而又意味着市场没有功能，也就是说，市场将不会存在"。

曹正汉（1997）认识到交易成本理论与企业及市场的发展历史并不相符，他认为自19世纪以来，由于交通、通信技术以及交易制度的发展，单位交易成本已大为下降，其下降幅度要超过企业组织成本的下降幅度，然而，"既然单位市场交易费用在不断下降，而同期企业的组织成本并未下降得更多，为什么19世纪以来企业的规模却在不断扩张呢？"曹正汉的解释是市场分工具有不完备性，即市场无法将交易协调和风险决策活动专业化，这些活动只能在企业内部专业化。企业的发展与市场分工是互为推进的关系，市场交易成本的下降使市场规模和市场分工得以扩展，同时也加剧了市场分工的不完备性，市场风险和协调的难度都增加了，这就为企业内化协调与决策活动创造了市场条件，企业的职能和规模也随之扩大。因此，协调和决策的专业化所带来的效率提高和单位成本的降低，是企业存在和发展的主要原因。黄桂田、李正全（2002）在批判科斯关于企业与市场的替代逻辑时说："如果说企业作为市场的替代物是因为企业具有节约交易费用的性质的话，那么，……顺着这一逻辑导出的一个推论：凡是能够降低市场交易费用的工具及其相关制度安排，都可以作为价格机制的替代品与市场存在替代关系，而企业不仅仅属于市场唯一的替代物。例如，……度量衡制度，……货币制度，……质量标准，等等"。"另一个合乎科斯替代逻辑的推论就是，随着价格机制及其市场范围的扩展，替代效应必将导致企业规模的萎缩和企业数目的减少，因为市场价格机制调节范围的扩张替代了企业内部的科层结构协调。然而，这一合乎科斯替代逻辑的推论与市场经济演进的现实逻辑完全相反"，他们提出了"合作剩余"的概念，并主张回到古典，主张以分工与合作的方式决定企业与市场的性质及其关系。

但笔者认为，迪屈奇（1999）、曹正汉（1997）、黄桂田与李正全（2002）等人并没有点出问题的实质。他们只是在狭义的意义上理解科斯的交易成本概念，即仅将交易成本理解为组织或管理单位间的交换成本，也就是利用市场的成本。然而，交易成本理论经过威廉姆森等一批人的发展，其概念已不再局限于科斯意义上的交易成本，概念内涵已大大扩充了，它包含了詹森和麦克林意义的代理成本，也意味着哈特所称的不完全合同导致的成本，甚至就是阿罗的制度运行的成本，因此在狭义上比较交易成本与组织成本、并以此驳斥企业的科斯性质已没有太大的意义。事实上，企业是既具有交易性又具有生产性的复合契约，科斯等人关于企业的性质论述的是企业的交易性，其中包含了企业与市场互相替代的关系。科斯忽略了企业的生产性，然而仅根据企业的生产性来攻击企业的交易性、企业与市场替代的逻辑,并没有多少说服力。从企业的交易性来看,企业与市场确实存在替代关系,这可以从现实企业运行中的"外包"和"自己生产"的决策中得到验证,像 NIKE 这样的企业,自己只管产品研发、品牌经营等核心环节,而生产环节通过长期外包合同放在中国等低成本地区进行,证明了市场交易成本的下降使"市场"取代"企业"的现象出现;与此同时,NIKE 公司本身规模也在壮大,又似乎违背了市场与企业的替代逻辑。然而,这只能说明 NIKE 公司随市场规模扩大的成长已不能由企业的交易性来解释,而是应由企业的另一面,即它的生产性来解释。

笔者在此做个简单论证,假使市场交易成本为零,是否企业就不存在了呢?按照威廉姆森(1975)、克莱因等人(1978)的思路,我们假定一条汽车生产线由一个个独立的个人组成,而不是由企业拥有(因为企业不存在),每个上游零件的生产者将自己独立生产的产品无交易成本地卖给下游生产者,下游生产者将买来的上游零部件组装,由最后一个买者完成汽车成品的生产。按照企业与市场的替代逻辑,在交易成本为零时,市场上将不存在企业,而只存在一个个"个体户",这种逻辑在契约的交易性方面看来没有问题,因此在市场交易成本存在的情况下,企业只是"以一个长期合约替代一系列合约",即将有上下游关系的一个个个体户以一个企业替代达到"纵向一体化"。但企业交易性的这种替代逻辑显然不能符合社会发展的历史逻辑,因为即使市场交易成本为零,这种个体户式的市场经济显然没有生产力,因而具有历史的非现实性。事实上,交易成本理论的这种推理逻辑是建立在两个假设上的:(1)生产过程可以划分为若干个互不相干的能够由个体生产者单独承担的工序;(2)从事生产活动所必需的知识外生于经济系统,且对生产者是已知的(王开明,2002)。显然生产工序并不是无限可分,也不是互不相干的,而且生产知识在现代工业社会绝不可能由单个工人掌握一个完整的生产环节。然而,这并非交易性的替代逻辑错误,而应该由企业的生产性来解释。协作是人类的天性,也是企业生产性的重要内涵,人们总是随时随地需要结成协作关系。人类从诞生起就会协作一起围捕打猎,因此即使交易成本为零,一个个的个体户组织形式也是不可想象的。同时,分工和协作还具有报酬递增的效用,亚当·斯密(1776)对此早就做了深刻阐述,他讲述了著名的制针厂工人制针的例子,"如果他们个人单干,没有哪个人能在一天里制出二十根针,也许一根针也制造不出来;由于他们合理分工协作,他们现在能够制造出的针肯定不止二百四十根,甚至不止四千八百根",指出分工所产生的协作力大大提高了劳动效率,这种效率来自"其一是各个工人熟练程度的提高;其二是节省了在转换工种过程中损失的时间;其三是大量机器的发明便利节约了劳动力,使每一个人能做许多人的工作"。企业的生产特征被马克思称为价值生产,而市场具有价值实现功能,因此在马克思看来,企业与市场不存在相互替代关系,正是由于企业与市场分别具有价值的生产功能和实现功能。马克思对企业的生产性做了深入的探讨，他区分了工场内部分工和社会内部分工，两种分工的区别是，社会内部分工导致各独立生产者生产以商品形态存在的产品，而企业内部分工只是局部劳动，在其各个环节生产出来的产品还不是商品。社会内部分工的深化会促进市场的发展，也促进企业的发展；企业内部分工本身既以社会内部分工为前提，同时又会深化社会内部分工。因此企业与市场的共同发展才是分工深化的结果，因此应从企业的生产性方面来解释。

从企业的生产性方面来说，企业无论是替代市场还是伴随市场发展，都是因为企业能创造价值，而不是因为企业的组织成本低于市场交易成本。因此，迪屈奇（1999）指出"应当超越交易成本标准，不仅从成本，更应从效益的角度动态地分析与理解"。虽然成本是影响企业价值的重要部分，但以价值说取代成本说，就能说明企业为什么能替代市场、在什么条件下替代市场，以及为什么市场规模扩大与企业规模扩大的现象会并存。企业正是依靠对生产销售过程的管理来替代市场交易关系，条件是企业创造的价值超过了组织成本；企业规模扩大与市场规模扩大之所以并存，是因为企业与市场的替代与发展不是比较企业组织成本与市场交易成本的高低，而是企业发展本身会推动分工的发展，并促进市场的发展，市场的发展本身也会推动分工的深化，从而促进企业的发展。企业与市场之间不但存在相互替代关系，更存在相互促进关系，而且企业对市场的替代通过推动企业规模的发展，反而进一步促进了市场的发展，相互替代关系会转化为相互促进关系。因此企业与市场是既替代又互补的关系，两者不但相互替代，更是互相促进。

由此可见，科斯、威廉姆森等人开创的现代企业理论忽视了企业是具有价值创造的生产销售组织特征，他们以交易成本为分析工具，虽然打开了新古典经济学中的企业黑箱，将新古典的企业函数展开为带有制度结构的生产过程，但它仍然只能解释企业的部分性质。而且交易成本理论由于忽视了企业的生产性，在揭开企业黑幕一边的同时，又盖上了另一边，甚至可以说，企业理论与企业的科斯性质掩盖了价值创造的来源。

2 物质资本与人力资本的组合是企业价值创造的来源

亚当·斯密用劳动价值论一般性地说明了企业价值的来源，而马克思（1867）在《资本论》中继承了斯密的思想，通过分析资本主义企业的生产过程，马克思发现企业产品的价值 = C + V + M，其中 C 代表工人劳动过程中所转移的物质材料和使用机器设备的成本，V 代表工人再生产其要素价格即在必要劳动时间里的劳动价值，M 代表工人全部劳动时间中超出必要劳动时间即在剩余劳动时间中的劳动价值，也就是剩余价值，马克思就是用"剩余价值"来说明企业价值创造来源的：在生产过程中，物质资本只是由工人的劳动实现了价值的转移，C 的价值前后保持不变，生产方式的改进以及管理协调导致的效率提高也仅仅是将工人的必要劳动时间缩短，从而剩余劳动时间相对延长，表现为工人创造的相对剩余价值的增加，因此企业价值创造的来源只能是生产工人的劳动，从而将物质资本、资本家的组织管理劳动在企业价值创造中的作用都给否认了，甚至连商业流通领域的服务劳动也只是对生产线工人创造的剩余价值的分享。马克思的这种企业价值创造来源的理论显然不符合企业的实践，尤其不能解释现代复杂企业中知识和管理的作用，因而不能全面揭示企业价值创造的来源。

新古典理论实际上回避了企业价值创造的来源问题。根据三大假设即理性经济人、完美信息和市场完全竞争，企业总是按照一定的生产函数，将两种以上的特定生产要素组织于统一的生产过程之中，生产并销售产品。在这样一个生产过程中，生产要素充分流动，企业之间的模仿也就没有成本，因此企业是同质的，企业组织者的任务就是在市场价格的指引下，根据边际成本等于边际收益的原则来确定最佳的生产规模，决定企业行为的唯一变量就是市场价格，企业在长期均衡中只能获得正常的经济利润，超额利润是不存在的。因此企业成长的基本因素均是外生的，企业是同质的，它只是根据市场需求曲线和成本曲线调整生产规模，这样一来企业只是一个生产函数，新古典企业理论也不过是市场配置资源理论的进一步延伸。新古典企业理论上回避了企业价值创造的来源，并且由企业成长的外生性和同质性可推知企业剩余由财产所有者独占是最有效率的，因为企业从竞争性市场取得生产要素，每　生产要素取得市场收入，而该要素的市场收入等于要素的边际产品收益。因此，似乎人力资本等生产要素都按其贡献获得了报酬，企业的剩余就应该是资本这个生产要素的收益，企业价值最大化就等同于股东价值最大化，于是"劳动者获得工资、债权人获得利息、土地所有者获得地租、出资者获得利润"就成为自然法则，企业根本不存在资本剥削劳动的问题。

以科斯开创的现代企业理论虽然打开了企业生产函数这个黑匣子，但不但没能揭示价值创造来源甚至还掩盖了企业价值创造的来源，因此马克思主义者常常攻击现代企业理论是在现代条件下为资本主义做辩护。科斯说，企业的性质在于企业以科层权威关系取代市场交易，从而节约了交易成本，因此企业价值创造的来源就不是劳动的创造，而只是企业科层具有的属性；德姆塞茨等人从资产的专用性和机会主义等概念来说明，将企业所有权赋予专用性资产的投资者可以促进投资增长，提高效率；张五常不看重企业的科层权威，认为企业是以要素市场契约取代产品市场契约，这就更加掩盖了企业价值创造的来源；阿尔钦和德姆塞茨的团队生产理论本来有望揭示价值创造来源，但他们在解释所有权时，将之归结为团队成员由于偷懒等机会主义行为，因而需要监督者，而监督者又需要监督者，因此只好将所有权授予监督者让他自己监督自己，这就等同于为企业主取得企业剩余做辩护，也没有说明企业价值创造的来源；格罗斯曼—哈特—莫尔（GHM）从契约的不完全性来说明剩余索取权与剩余控制权的对应，其逻辑也是要说明为了控制机会主义，就必须将企业所有权授予物质资本所有者。因此整个主流企业理论就是为物质资本获得企业所有权做辩护的，最多也不过是说企业家和经营管理者由于其信息优势和天然的剩余控制权，而取得部分剩余索取权的道理，但从根本上回避了企业价值创造的来源问题。

观察表明市场中普遍存在具有持续竞争优势并长期获得垄断利润的企业。显然，这种"动态效率"并不能仅仅通过交易费用的节约而得到解释，而只能求助于企业的生产属性。但新古典企业理论认定，在长期均衡中行业内所有企业的利润为零，也无法解释现实当中企业利润普遍存在的事实。那么企业的持续竞争优势和长期利润从何而来？在这个问题上先后有风险报酬、不确定性、产业组织理论的 SCP 范式（解释）以及波特的五种竞争力模型等理论提出，这些理论都坚持企业利润和竞争优势的外生性，尤其是外在市场结构的作用，在利润或剩余创造过程中没有企业主体的位置。另外，根据实证分析，鲁梅尔特（Rumelt，1982，1987）发现企业超额利润的来源最主要的不是外在的市场结构特征，而是企业内部资源禀赋的差异；巴尼（Barney，1991）、潘汉尔德和哈默（Prahalad and Hamel，1990）从企业内部出发探讨企业长期利润或持续竞争优势的来源，认为企业内部资源基础的特异性和核心能力是企业持续竞争优势的真正基础。潘罗斯（Penrose，1959）、阿尔钦（Alchian，1972）、纳尔逊和温特（Nelson and Winter，1982）等人的研究证明，对企业的竞争行为和竞争优势起关键作用的知识和能力构成了企业的核心能力或核心竞争力，而且由于这些"知识和能力"来自企业在复杂环境下长期的积累并且往往带有默示性，因而它们是独一无二、难以模仿的。因此，企业是"异质性"的，在不同企业之间存在组织生产活动的不同的长期动态优势。以此为基础，产生了企业能力理论。应该说，企业能力理论通过分析企业生产销售过程中的关键要素和组织的聚合作用，尤其分析了知识的作用，接近于找到企业价值创造的来源，但企业能力理论同样是有缺陷的，这一点就像威廉姆森所批评的一样，即企业能力理论可能陷于一个循环论证的怪圈：我们问企业的长期竞争优势和利润从何而来，答案是企业的核心竞争力；核心竞争力又从何而来？答案是企业长期的探索和积累。这样问题就来了，即企业在长期积累以获得核心竞争力的过程中，它可能根本就无法生存。

笔者认为企业能力理论并非错误，但不完整，它分析的是企业能力的聚合作用以及企业保持长期利润的来源问题，但没有重视对劳动价值论的分析，将价值来源的基础给忽略了。这一点与马克思的劳动价值论相反，马克思把企业价值创造的来源单纯地放在（简单）劳动的价值创造上，否认组织管理、物质资本和服务性劳动在价值创造中的作用。在此笔者将劳动价值论与企业能力理论结合，认为企业的价值创造来源于物质资本、人力资本以及物质资本和人力资本组合后的聚合升华作用，具体的生产要素包括机器设备等物质资本、简单劳动力、技术人员、管理人员、企业家以及企业的要素聚合所形成的文化和知识合力。在此我们用一个企业价值模型来表示：

$$V = f(k,l,s,e) - C_k - C_l - C_s - C_e \tag{1}$$

其中，V 表示企业的价值创造，价值创造来源于物质资本 k 和人力资本 l，s，e。物质资本包括股权资本和债权资本，其物质体现形式为厂房、机器设备等生产资料以及生产的原材料。人力资本在新古典的生产函数中只是简单地以 L 表示，我们这里参考连建辉（2004）的划分法将人力资本分成三类，即作业型人力资本 l，这是一种以体力或常规劳动为主、操作程序比较规范、从事工作比较简单、行为易于监督的普通人力资本，他们在生产性企业中将原材料按一定的操作程序加工成产品，在银行等服务行业则是从事柜台服务等程序性业务；专业型人力资本 s，主要包括技术、管理人员和一些市场营销人员，在现代知识型企业和创新型企业中，专业型人力资本已成为主体部分；企业家型人力资本 e，指的是企业最高层的管理者，是能带领企业创新和发展的统帅。

单纯从上面的公式来看，与新古典的生产函数似乎并无多大的不同，但在新古典企业理论中，由于竞争和企业的同质性假定，均衡状态下每一要素的边际成本都与其边际产品收益相等，而要素的市场收入又等于其边际成本，因此按市场收入付酬似乎已经将人力资本等要素的贡献完全偿还，企业剩余就是资本获得的经济利润。但在本文，企业的边际产品收益是不等于其边际成本的，即 MP 不等于 MC。有人也许会问，当 MP 不等于 MC 时，那不是意味着企业规模将无限扩大吗？按新古典理论的理解确实是这样，但新古典的解释并不符合企业的实践，事实上，企业决定扩大规模不是简单地依据 MP = MC，而是要权衡规模扩大后的综合收益和综合成本，在 MP 大于 MC 时，企业并不急于扩大规模，它首先会积累利润，然后想办法研发新产品、革新盈利模式，努力在一个新的生产函数中去扩大规模，对原有企业的简单复制式的扩大规模基本上是不现实也是不明智的。这样就有：

$$f'(k) > C_k = P_k \tag{2}$$
$$f'(l) > C_l = P_l \tag{3}$$
$$f'(s) > C_s = P_s \tag{4}$$
$$f'(e) > C_e = P_e \tag{5}$$

也就是说，企业在要素市场分别以 P_k、P_l、P_s、P_e 的价格购入 k、l、s、e，经过组织的整合，其产出分别是 $f'(k)$、$f'(l)$、$f'(s)$、$f'(e)$，均超过其购入成本，其中的差额在马克思看来就是在生产过程中的差额，即工人创造的剩余价值。但在我们这里物质资本 k、经理和技术人员 s 以及企业家 e 都有着和 l 一样的企业剩余创造，关键在于物质资本和人力资本等生产要素 k、l、s、e 进入企业后，经过劳动分工和组合，尤其是组织管理所发挥的作用，其产出会大大升值，也就是生产函数发挥了增值的作用。这正是企业的异质性理论所讨论

40

的内容，认为市场中的企业是彼此不同的，一方面，企业的生产要素中包括有边际报酬递增的异质性人力资本要素，如技术能力和企业家才能；另一方面，企业是一个历史的不断内生成长和演化的有机体，企业在成长中所积累的核心知识和能力是独特的和有价值的，它们构成了企业剩余的来源，而且企业的核心知识和能力作为企业的关键性生产要素是非竞争性、难以模仿和替代的。也就是说，企业可能是从竞争性要素市场取得生产要素，并按要素价格付酬，但将这些物质资本和人力资本组合到一起，经过内部知识积累，就可以形成非竞争性的企业核心能力，这些核心能力附加到了每一生产要素上，使其边际产出超过边际成本即购入价格，从而形成企业的价值创造。

这样的话，企业在成立初期，可能靠某一项技术（特殊资源）立足，或者某一市场存在盈利机会，或者企业家找到一种特殊的盈利模式，企业的价值来源就在于将这些物质资本与人力资本组合后，每一要素的边际产品收益都高于其边际成本，从而得到企业剩余。简单地说就是，企业在要素市场以竞争性价格取得要素，但在企业经过组织整合创造了高于购入价格的边际价值，这样即使企业按每一市场价格给生产要素付酬，仍能产生企业剩余。因此每一生产要素对企业剩余都做了贡献，企业的价值创造来源于物质资本与人力资本的组合。一个成功的企业在其发展过程中，绝不是简单地扩大规模，而是注重研发产品、优化过程，不断发挥知识聚合作用，在成长中打造核心竞争力，从而在长期中取得超额利润，而不像在新古典经济学中那样，企业在长期均衡中只能取得资本的经济利润。

3 企业家等异质型人力资本是企业价值创造的核心

我们说，企业价值创造的来源是物质资本与人力资本的组合。物质资本对企业价值创造的贡献体现在三个方面：一是物质资本本身参与生产组合，是企业生产函数的组成部分，没有物质资本，就不可能生产，而且物质资本的充裕、先进程度，不但能直接提高生产效率，而且能导致对生产方式的重组，从而有条件改善生产函数。二是物质资本在企业人力资本的形成过程中发挥了重要作用，企业本身是知识积累的重要环节，企业在经营过程中逐渐积累并形成企业的核心知识和核心能力，也凝聚了企业人力资本。三是物质资本的抵押与承担风险的功能为企业提供了稳定的经营环境，使企业在持续经营过程中有条件积累核心能力。因此物质资本在企业价值创造过程中绝不只是马克思式的价值转移，它本身也参与了企业的价值创造，是企业剩余的重要来源。

但相比物质资本，人力资本是主动的，因而人力资本才是企业价值创造的主导性力量，"人力资本是增长的发动机"。20 世纪 50 年代，美国一些经济学家在解释美国经济成长时，发现在考虑了物质资本和劳动力增长后，仍有很大一部分经济成长无法解释，西奥多·舒尔茨、雅克·明塞以及后来的加利·贝克尔等人把这一"增长的剩余"（Growth Residual）归功于人力资本。所谓人力资本，是指知识、技能、资历、经验和熟练程度、健康等的总称，代表人的能力和素质，是人对自身投资的结果。人力资本彼此之间是有差别的，李忠民（1998）曾把企业人力资本分为一般人力资本、技能型人力资本、管理型人力资本和企业家型人力资本。连建辉（2004）则将其划分为三类，分别是作业型人力资本、专业型人力资本和企业家型人力资本，大致相当于将李忠民划分法的第二、第三类合并为专业型人力资本。而丁栋虹（1999）则将企业中具有边际报酬递减生产力形态的人力资本称为同质型人力资本，具有边际报酬递增生产力形态的人力资本称为异质型人力资本。异质型人力资本被认为是企业价值创造的主要来源，基本包括了专业型人力资本和企业家型人力资本。

对企业而言，企业家型人力资本是最重要的人力资本，市场竞争和技术进步使企业面临更复杂的不确定性，经营者的决策能力、反应能力和学习创新能力在企业的生存发展中愈发变得重要。1775 年康替龙在《商业概览》中提出企业家概念时就指出，企业家以固定价格买进商品并以不确定价格卖出商品，"促进交易发生的投机能力"。马歇尔（1890）认为企业家是"产业这一车轮的轴心"，企业家能力是"利用资本的经营能力"。奈特（1921）认为，在不确定性下"实施某种具体的经济活动成了生活的次要部分；首要的任务或功能是决定干什么以及如何干"，这首要的功能就是企业家功能。科斯（1960）认为企业家具有"发现相对价格"的能力。熊彼特（1934）视企业家为创新者，能够"改革和革新生产的方式"。沙科认为企业家在做出决策时具有非凡创造性的想象力。舒尔茨（1973）则提出企业家能力的核心是处理不均衡的能力。柯斯纳（1979）认为企业家不但能感觉机会，还能捕捉机会并创造利润，具有"悟性"和特殊"知识"。卡森（1982）综合了上述观点，认为"企业家是善于对稀缺资源的协调利用做出明智决断的人"。由此可见企业家对企业的核心作用，在此我们遵循熊彼特的观点，认为企业家的经营、协调和管理能力综合表现为对企业生产函数的改善。

企业的价值笼统地说，来自对生产要素的整合，企业同质型人力资本劳动投入能创造价值，而异质型人力资本如管理协调能力更能创造价值；企业的内部分工提高了单个投入要素的效率，从而创造了价值，管理协调则通过对企业生产要素的整合，改变了产出函数，更是价值创造的来源。

$$R = \alpha \times a + \beta \times b \tag{6}$$

投入生产要素的增加意味着 a、b 的增加，单体分工效率的提高表示 α 值、β 值增大，从而创造了价值。而管理协调通过对生产要素的适当整合，可以改变产出函数，比如

$$R = (\alpha \times a + \beta \times b)^2 \tag{7}$$

对于竞争性的要素投入，要素成本由市场价格确定，由于市场在一般性意

义上不能确认企业的产出函数，在竞争均衡状态下，要素成本的价格通常按式（6）中的边际产品确定，则

$$C_a = MP_{a1} = \alpha \qquad (8)$$
$$C_b = MP_{b1} = \beta \qquad (9)$$

但实际上，在企业内部，各个企业的产出函数不同，其边际产品也不同，如式（7）的产出函数，其边际产品分别为

$$MP_{a2} = 2\alpha^2 a + 2\alpha\beta b \qquad (10)$$
$$MP_{b2} = 2\beta^2 b + 2\beta\alpha a \qquad (11)$$

这样，边际产品不仅大大增加，而且与其他生产要素的投入有关，这正是由管理协调所产生的作用。如果公司从竞争性要素市场以 α、β 的价格取得生产要素，再在企业内部通过管理协调活动形成式（7）那样的产出函数，则从每一单元投入要素上获得的"剩余价值"就大幅增加了。另外，企业管理者知道本企业的产出函数，如果他发现某一生产要素，如某个技术和管理人才或某种资源，他也可以高出市场价格 α 或 β 甚至几倍的价格将其得到，因为他知道这一关键生产要素在本企业的产出函数中，将产生高得多的边际产品，这正是我们在日常社会所观察到的现象。

这里有一个很好的例子。2005 年赛季之初，英超俱乐部切尔西从法国里昂俱乐部以 2440 万英镑的天价购得球星埃辛，当时就有人嘲笑切尔西当了冤大头，这笔买卖实在是买得太贵了，但主帅穆里尼奥考虑事情的角度显然不一样，贵不贵是一个问题，值不值则是另一个问题。买一个废物即使只用半价也是浪费，但花了大价钱却真正提升了球队的实力则不是。埃辛在联赛开赛后踢到爆，场场令人叫好，穆里尼奥有底气地说，这笔钱花得值。比如 2 比 0 击败查尔顿的那场比赛，一个令人无法抗拒的埃辛脱颖而出，他无处不在，在防守中显得不可逾越，进攻中还有抢眼的贡献，天空体育台和英国通讯社赛后都为其打出了全场最高的 8 分。埃辛的长处是拦截和断球，然后传球发动进攻，穆里尼奥在评价埃辛时说："埃辛可以在攻防两个方面做出贡献，他甚至可以踢攻击手的位置，这让我们的阵容完整了"。这里起作用的不光是球星的异质型人力资本的超群能力，更主要的是主帅的组合管理能力，是他引入了合适的球员并组合了一个合适的阵形，从而能发挥整个团队的战斗力，使所创造的价值远远高于引进球星的高成本。在此，主帅这个企业家型人力资本集中发挥了两个方面的作用，一是选人的眼光，即风险决策能力；二是对团队的组合管理和创新能力。因此主帅这个企业家异质型人力资本所创造的价值远远要高于球星专业型的异质型人力资本创造的价值。

从这个例子还可以看出来，在球星这种异质型人力资本的要素市场，即使市场是不完全竞争的，即存在较大的要素——租金的情况下，由于在适当的生产函数中生产要素的边际收益要高于其边际成本，因此人力资本对企业剩余仍能做出很大的贡献。

4 主流企业理论对"资本强权观"的
辩护反证了经营管理者分享企业剩余的必要性

交易成本等主流企业理论由于忽略了企业价值创造的生产性特征，因此无法从应然的角度来解释近几十年来企业家等人力资本分享企业财产所有权的现实。他们的解释一方面是基于威廉姆森等人建立的资产专用性和机会主义框架，从节约企业制度的交易成本角度来解释经理们分享企业剩余的现实；另一方面又想极力辩护物质资本占有企业剩余的合理性，这在张维迎（1995）证明"资本雇佣劳动"的努力中完全暴露出来。应该说，主流企业理论在论证"资本强权观"的同时也附带解释了经营管理者分享企业剩余的合理性，比如他们证明了剩余索取权与剩余控制权对应是最有效的企业所有权安排形式，由于经营者天然拥有企业的控制权，也就说明了经营者等异质型人力资本分享企业剩余的合理性，而且这种论证本身也说明经营者在与物质资本所有者分享剩余谈判中地位的上升。

威廉姆森和克莱因等人认为，企业替代市场可消除机会主义，从而保证资产专用性投资的准租金不被剥削。但张五常（Cheung，1983）反对这种观点，认为企业不过是以要素市场合约替代产品市场合约，机会主义不会消失，而是从市场转移到了企业内部。企业内部在人力资本与非人力资本的合作之间、在股东与经营者之间、在管理者与工人之间以及在外部债权人与企业之间，基本上都是在机会主义的分析框架下，以解剖企业这个"黑匣子"。阿尔钦和德姆塞茨（1972）的分析基于企业的团队生产特征，由于投入要素的边际产出在联合产出中难以测度，容易出现偷懒或滥用等机会主义行为，因此需要监督者来监督机会主义者，而监督者也需要监督，解决的办法是让监督者自己监督自己，因此要将剩余索取权赋予监督者，而且这个监督者和剩余索取者必须有权修改同其他要素所有者的合同条款和激励，即必须让他成为中心签约人和雇主，掌握公司控制权。而要成为中心签约人和剩余索取者，他必须证明在发生损失时有能力向其他投入品提供所承诺的支付，他必须预先支付或者投入机器、土地等物质资本来抵补可能的亏损，于是古典的企业形式便合理地出现了，物质资本所有者成为剩余索取者和雇主。阿尔钦和德姆塞茨的"团队生产"和"监督者"理论虽然是解释"资本主权"的合理性的，其依据是监督者必须同时是剩余索取者，由于在现代企业中，经营管理层实际上充当了监督者，因此阿尔钦和德姆塞茨的理论也说明了管理层等以人力资本分享企业剩余的必要性。

杨小凯和黄有光（Yang & Ng，1995）认为经营管理层获取企业剩余索取权是对管理这种劳动的间接定价。假定在一个经济系统中，每个人都可以生产两种产品：有形产品和生产过程中的管理知识，再假定专业化的经济性使人们选择分工组织生产。组织分工的方式有三种：第一种是管理专家将管理知识卖给生产衣服的专家以换取他所需要的衣服。这种方式意味着两个产品市场：一个是管理知识市场，另一个是衣服市场。分工的双方以产品交换产品，权威和剩余权是对称分配的，所以不存在企业。第二种是生产衣服的专家开设工厂，雇佣管理专家的劳动。第三种是生产管理知识的专家开设工厂，雇佣生产衣服的工人。后两种方式都是剩余权与权威的不对称分配，而且都是以劳动力的买卖代替中间产品（管理知识）的买卖，都需要建立企业。由于第一种分工方式必须交易管理知识，第二种分工方式必须交易用来生产管理知识的劳动，两者的交易费用均很高，而第三种分工方式只需交易衣服和生产衣服的劳动，衣服的数量和质量以及生产衣服的劳动均较容易测定，交易费用相对较低。所以，一般情况下，劳动分工将以第三种组织方式出现。因此，企业是一种巧妙的交易方式，它可以把一些交易费用极高的活动卷入分工，同时又可以避免对这类活动的直接定价和直接交易。在第三种分工方式中，管理专家拥有企业的剩余收益权与剩余控制权，剩余收益权就是管理知识的间接定价。

　　杨小凯和黄有光的这种间接定价理论当初也是解释资本家与经营者合二为一的古典企业合理性的，但同时表明经营管理劳动通过间接定价成本较低，也就说明了经营管理者以人力资本分享企业剩余的必要性。但我们认为间接定价的定价成本较低只是表面现象，其根本原因在于经营管理人员天然掌握着企业部分的控制权，而控制权与剩余索取权的对应才是有效率的所有权分配结构。对于控制权，格罗斯曼和哈特（Grossman & Hart，1986）、哈特和穆尔（Hart &Moore，1990）发展的不完全合同理论（被简称为 GHM 理论）从另一个角度进行了解读，GHM 理论认为合同不可能对所有的或然事件及其对策做出详尽的规定，因而是不完全的，其中未予明确界定的权利就是剩余控制权（Residual Rights of Control）。在不完全合同下，企业的剩余控制权非常重要，哈特甚至认为企业所有权就是剩余控制权，主张物质资本所有权是权力的基础，而且对机器、厂房等物质资产所有权的拥有将导致对人力资本所有者的控制，因此企业也就是由它所拥有或控制的非人力资本所规定。可见 GHM 理论再次辩护了"资本强权观"，即相信资本所有权能够无条件地带来剩余控制权，进而能占有企业剩余。但 GHM 理论仍然只适合古典企业，在现代企业里，并不拥有物质资本的企业经营管理者掌握了剩余控制权，因此按照 GHM 理论的逻辑，经营管理者分享企业剩余也是顺理成章的。事实上经营管理者不但掌握企业剩余控制权，而且掌握实际控制权（Real Control），并且控制权似乎天然地掌握在他们手里，原因是这些拥有信息和知识优势的代理人掌握着企业资源的实际运作（Aghion & Tirole，1995、1997；Tirole，2001），如果将实际权力与正式权力分开，那些具有信息优势和专门知识的管理者将具有实际权力，因为那些具有法定正式权力的股东会遵循他们的建议。施莱佛和维什尼（Shleifer &

Vishny，1989）认识到企业经理可以通过"经理专用性投资"来强化自己在企业中的地位。拉詹和津加莱斯（Rajan & Zingales，1998）指出"对任何关键性资源的控制权都是权力的一个来源"，这种关键性资源既可以是物质资本，也可以是人力资本。而且，如果我们承认 GHM 理论认为物质资本才构成企业所有权的权力来源的话，一个合理的推论是将所有权转移给其他人对效率将没有影响，"只有当一项专用性或关键性资本品的所有者也拥有专用性人力资本时，例如，如何使用这一资本品的专门知识，这一理论才能揭示出所有者的身份。专用性人力资本决定所有权，而专用性实物资本却做不到这一点，因为，理论上，只有前者是无法转让的"（路易斯·普特曼，2000）。

张维迎（1995）也试图证明"资本雇佣劳动"的天然合理性，通过区分财产所有权和企业所有权，从而证明通过委托权的安排，可以解决企业面临的两个基本问题，即经营者选择问题和激励问题。张维迎首先建立了一个隐藏行为模型（Hidden Action Model），证明将企业的委托权安排给经营成员比生产成员更优，因为经营者的决策对企业起关键作用，而且经营者行为最难以监管，让拥有自然控制权的经营者同时拥有剩余索取权可免除对经营者的外部监管，即让经营者自己监管自己。张维迎进而认为，由于企业家的能力是难以观察的，而物质资本能成为当事人显示经营能力的信号，于是建立了一个隐藏信息模型（Hidden Information Model），证明将充当企业家的优先权或选择经营者的权力赋予资本所有者是最优的。最后建立了一个一般均衡模型，得出的结论是有才能有资产的人成为企业家，有才能而无资产的人成为职业经营者，有财产而无才能的人成为单纯资本家，既无才能又无财产的人成为工人。在此基础上，张维迎（1995、1996）认为"资本雇佣劳动"是必然和合理的。笔者不否认物质资本具有信息显示的优势，即一个拥有财产的人如果知道自己有能力他会自己经营企业，如果没有经营能力他会请别人经营，而一个不拥有财产的人可能不管有无能力都会声称自己有经营才能。但这种区别只在静态的一次博弈上才有意义，如果是多次重复博弈，就会贤明自分，伪装者终究会暴露并失去信誉，因此考虑到重复博弈与信誉机制的作用，笔者认为张维迎关于只有有才能有资产的人才成为企业家的结论就不合理了，而且不能解释现实。事实上张维迎在国有企业改革过程中的一些观点也前后矛盾，他一边证明"资本雇佣劳动"的合理性，一边又为国有企业经营者分享剩余极力游说。笔者认为剩余索取权应尽可能分配给企业中最具信息优势、最难以监管的成员，对经营者这种既重要又难以监管的成员，不让他们拥有相当的剩余索取权是不可能真正调动他们的积极性的，"事实上，即使不给他们正式的（Formal）剩余索取权，他们拥有的信息优势也会使他们成为实际上的剩余索取者，而实际但非正式的权利会导致资源配置的扭曲"（张维迎，1999）。

笔者认为，张维迎（1995）的"资本雇佣劳动"和 GHM 等理论所维护的"资本强权观"仅适用于所有者—经营者合二为一的古典企业，在现代企业中，经营管理者凭人力资本分享企业剩余已经非常普遍，"资本强权观"也越来越受到批判。其中拉詹和津加莱斯（Zingales & Luigi，1997）是代表人物，他们认为权力不仅仅来自物质资产所有权，物质资产也不是企业唯一的关键资源，因此企业不能够完全由物质资本所规定，而是包括了所有的关键要素以及为这些关键要素进行了专用性人力资本投资的人。津加莱斯（Zingales，1997、2000）认为企业的本质就是"一个难以被市场复制的专用性投资的网络"，是"围绕关键性资源而生成的专用性投资网络"，而且，这个关键性资源一般就是以企业家为代表的异质型人力资本。事实上，主流企业理论对"资本强权观"的辩护只是揭示了企业控制权与剩余索取权对等的效率原则，而古典企业由于所有者与经营者合二为一最佳地解决了这个对等问题。对于这一原则，甚至连"资本强权观"的典型代表哈特（Hart，1995）也指出，剩余控制权与剩余索取权是高度互补的，它们的分离将导致要挟问题，而且分离有时根本就行不通，并将导致控制权市场的无效率。法玛与詹森（Fama & Jensen，1983）的理解是，应将剩余控制权赋予重要的决策代理人，这样可代替成本高昂的限制决策代理人独断专行的控制机制。张维迎（1996）认为"剩余索取权与剩余控制权的对应"也是"风险承担者与风险制造者的对应"，如果拥有剩余控制权的人没有剩余索取权，这种剩余控制权就是"廉价的"，他就不会有努力做出好的决策的激励。因此主流企业理论在辩护"资本强权观"的过程中对论证经营管理者分享企业剩余做出了贡献，因为他们论证了"剩余索取权与剩余控制权对等"的原则，而经营管理者在企业中天然占据了剩余控制权甚至实际控制权，由此就有获得剩余索取权的必要性。

5 经营管理者人力资本地位的 上升与企业所有权分配的动态性

无论是格罗斯曼和哈特所称的"剩余控制权"，还是梯罗尔（Tirole）等人所称的"实际控制权"，以及津加莱斯所说的"关键性资源"，都表明经营管理者人力资本地位的上升。杨瑞龙、杨其静（2001）也探讨了人力资本地位上升对其分享组织租金的影响，他们提出了"专有性"（Exclusive）的概念，"专有性是指这样一些资源，一旦他们从企业中退出，将导致企业团队生产力下降、组织租金减少甚至企业组织的解体"，或者说"专有性资源是一个企业或组织的发生、存在或发展的基础，它们的参与状况直接影响到组织租金的大小或其他团队成员的价值"。显然，一种资源越是为团队所必需，越是不可替代，就越是具有某种"专有性"，而且与"专用性"资源容易受机会主义行为威胁、在谈判中处于被动地位相反，专有性被其他团队成员所依赖，处于谈判的主动地位。因此"专有性资源的这种性质使其所有者具有某种垄断地位，并且可能凭借这种地位通过正式或非正式的谈判获得企业的组织租金，因为他可以通过威胁退出团队生产来实现自己的要求"。杨瑞龙与杨其静列出了比较典型的四种通用性的专有性资源：（1）拥有发现并能组织实现某种市场获利机会的企业家；（2）掌握某种能带来巨大商业利益的技术的人，比如重要专利技术所有者；（3）在资本稀缺的环境中掌握大量货币资本的人；（4）掌握能带来大量商业机会的特殊社会关系的人。通常情况下，企业家及其才能是企业团队生产中最为重要的专有性资源，有实力分享大量的企业剩余，而许多中高级员工也掌握着与企业组织剩余密切相关的技术和知识，也具有某种程度的专有性，使他们也拥有了分享企业剩余的谈判地位。

周其仁（1996）把企业看成是物质资本与人力资本的一个特别合约。既然是多个主体之间的合约，企业的所有权就不应该只有一个所有者，古典企业里物质资本所有者同时兼任企业家和管理者，这个一身多任的资本家不需要作为财务资本家的自己与作为企业家和经理的自己签订契约，从而在古典企业里"资本家拥有企业"或"资本雇佣劳动"似乎天然合理。但是随着现代企业的发展，企业家才能和管理才能这些人力资本从古典企业一体化的"资本"里分离出来，古典"资本家"一分为二：作为物质资本所有者的股东和作为人力资本所有者的经营管理者，因此现代股份制企业并不是伯利和米恩斯（Berle & Means, 1932）所称的"经理革命"和"所有权与经营权的分离"，而是斯蒂格勒和弗里德曼（Stigle & Friedman）（1983）所称的财务资本与经理知识能力资本及其所有者之间的复杂合约。拥有异质型人力资本的经营管理者终于从古典企业中模糊的"资本"概念中走出，径直走到了现代企业舞台的中心。因此现代股份公司引起企业产权结构的真正重大的变化，是人力资本在现代企业里相对地位的急剧上升，以及纯粹财务资本相对重要性的下降。这是因为现代企业中人力资本的专门化达到了前所未有的高度，一般劳务、专业技能、管理和企业家才能都变成独立可交易的要素进入企业合约。现代企业里不再是"消极货币"，即纯粹财务资本的存在保证了工人、经理和企业家人力资本所有者的"饭碗"，而是"积极货币"，即人力资本保证了企业物质资本的保值、增值和扩张。

事实上企业所有权的分配是动态进行的，反映了企业内物质资本与人力资本谈判地位的变化。根据企业是物质资本与人力资本的一个特别契约的含义，笔者在此假定企业由物质资本所有者提供资金、并聘请以企业家为核心的管理团队来经营企业。一开始物质资本所有者占有全部企业剩余，企业家等经营管理人员只拿固定工资，这是符合历史逻辑的。但随着企业经营发展的展开，企业剩余索取权就会动态地分配。在此可以用罗宾斯坦（Rubinstein, 1982）的轮流出价的讨价还价模型来说明。

罗宾斯坦的模型是这样的，有两个人要分一块蛋糕。参与人 1 先出价，提出分配方案 x_1，参与人 2 要么接受要么拒绝。如果参与人 2 接受，博弈结束，

蛋糕按方案 x_1 分配；如果参与人 2 拒绝，参与人 2 出价，提出分配方案 x_2，参与人 1 同样可以接受或拒绝。如果参与人 1 接受，蛋糕按方案 x_2 分配，博弈结束；如果参与人 1 拒绝，他要再次出价。如此反复进行，直到一方接受另一方的分配方案。这是一个无限期的完美信息博弈，参与人 1 在 1、3、5……出价，参与人 2 在 2、4、6……出价。如果用 δ_1、δ_2 分别表示参与人 1 和参与人 2 的贴现因子，假定博弈在 t 期结束，t 是参与人 i（$i = 1$ 或 2）的出价阶段，参与人 1 支付的贴现值为 $\pi_1 = \delta_1^{t-1} x_i$，参与人 2 支付的贴现值为 $\pi_2 = \delta_2^{t-1}(1 - x_i)$。罗宾斯坦证明，在无限期轮流出价博弈中存在唯一的子博弈精炼纳什均衡，即

$$x^* = \frac{1 - \delta_2}{1 - \delta_1 \delta_2}, \text{若} \delta_1 = \delta_2 = \delta, \quad x^* = \frac{1}{1 + \delta} \quad (12)$$

在我们这里，物质资本所有者是参与人 1，企业家等人力资本所有者是参与人 2，蛋糕就是企业剩余索取权，也可以是企业财产所有权。一开始，物质资本所有者出资建立企业，并以略高于市场价格的固定工资聘请企业家等人力资本来经营管理，物质资本所有者占据主动，他先出价，要求占有企业全部剩余索取权，否则将退出，即拒绝建立企业；这时依靠固定工资"养家糊口"的人力资本所有者由于其保留价格得到满足，会接受物质资本所有者的出价，这样企业就建立了，全部财产所有权归物质资本所有者，包括企业家等人力资本均只能取得固定工资。这正是罗宾斯坦模型中的先动优势，物质资本所有者获得先动优势是由其谈判地位决定的，毕竟物质（货币）资本具有直接支付能力，不仅能弥补经营亏损，具有风险担保能力，而且能直接支付人力资本工资，满足人力资本所有者"养家糊口"的消费功能，人力资本再重要也只体现在经营过程之中，它不具有弥补亏损的风险担保功能，也不能直接支付，因此在企业建立之初，物质资本所有者具有天然的谈判优势。

从罗宾斯坦模型中还可看出，博弈均衡结果是贴现因子的函数，如果贴现因子变化，博弈结果会随之改变，这就证明了企业剩余所有权或财产所有权分配的动态性。可将贴现因子理解为参与人的谈判地位或能力，谈判力越强，δ 值就越大，显然在企业建立之初，物质资本所有者的谈判力最强，人力资本所有者则几乎没有谈判力，这样 δ_1 取最大值即 $\delta_1 = 1$，δ_2 取最小值即 $\delta_2 = 0$，因此，物质资本所有者具有企业全部剩余索取权或财产所有权，而人力资本所有者只有固定工资。

但随着企业的发展、人力资本的积累与企业知识的积累同步发展，人力资本在企业中愈发显示它的重要性，甚至成为企业的"关键资源"，有着"专有性"的不同寻常地位，人力资本所有者同物质资本所有者的谈判地位明显上升。而物质资本所有者在企业建立后，由于专用性投资会产生沉没成本，因此再声称退出已不可信。在第二轮博弈中，人力资本所有者先出价，但结果取决于物质资本所有者能否接受。显然人力资本所有者不具有独占企业所有权的谈判力，即 $0 < \delta_2 < 1$，物质资本所有者能接受的出价应该不低于物质资本现值

减去沉没成本之后的净现值，假定 $x_1 = 0.8$，$\delta_2 = 0.5$，则 $x^* = 0.833$，即物质资本所有者取得企业财产所有权的83.3%，人力资本所有者获得16.7%。而当 $x_1 = 0.5$，$x_2 = 0.8$ 时，$x^* = 0.333$，即物质资本所有者企业财产所有权比例降到33.3%，而人力资本所有权的财产所有权比例升到66.7%，因此谈判力越强，能分享到的财产所有权就越大，这正是我们在企业发展现实中所观察到的现象。

当然，实践中还有一种现象，即企业家等经营管理者一开始就占有部分财产所有权，也就是说物质资本所有者出资金与企业家的人力资本共同建立企业，但人力资本一开始就能获得财产所有权。这种现象在现代企业中也较为普遍。但人力资本一开始就获得财产所有权是有条件的，这就是企业家的经营管理才能得到了市场的证明，因而能在与物质资本所有者的谈判中具有相当强的谈判力，这样虽然在博弈中仍由物质资本最先出价，但不会要求独占企业所有权，而是选择与企业家等人力资本分享。

因此，人力资本能否分享企业财产所有权取决于其谈判力，而谈判力又是随着企业经营的展开而变化的，即使人力资本在企业建立之初没有企业财产所有权，一旦其谈判力随企业发展壮大而提高，也会在以后获得部分财产所有权。

6 结论：人力资本分享企业剩余的一般理论

企业是物质资本与人力资本的一个巧妙组合，其目的是创造和分配企业剩余。物质资本中的债权资本取得固定的利息，在正常情况下不享有不确定性的企业剩余，股权资本是企业建立的前提条件，它承担经营损失的风险，享受不确定的企业剩余。人力资本越来越显示出对现代企业的重要性，成为企业价值创造最重要的源泉，尤其是企业家等异质型人力资本，由于其风险决策能力、组合创新能力和监督管理能力，在企业高效生产函数的形成方面发挥了最重要的作用，从而使一般人力资本和物质资本在企业这个生产函数中能创造出高于要素市场价格的价值。人力资本在企业价值创造中的巨大作用使其理应分享企业剩余。

但由于"股权至上"的历史渊源和法律规定，以及股权资本在弥补经营损失中实实在在的作用，股权资本成为法理意义上的企业剩余索取者和控制者，人力资本能否分享企业剩余不但取决于他们的贡献，而且更重要的是取决于他们的谈判地位。我们可以观察到的现实是，企业家等经营管理者的人力资本由于其"专有性"地位，越来越成为企业的"关键资源"，因此在同股东谈判中有了很强的谈判力，从而帮助他们取得企业剩余的分享权。历史发展的轨迹越来越表明，人力资本正在从"物质资本"的阴影中走出来，径直走到了现代企业的中央舞台，为此我们在总结前文观点的基础上一般性地提出人力资本分享企业剩余的理论，以印证企业所有权的这一历史变迁。

6.1 命题一：企业剩余是人力资本与物质资本团队合作的产物

对于这一命题已无须太多的论证。但我们在前面的论述仍有特别之处，即认为生产要素的边际产出高于购买要素所付出的价格，从而产生企业剩余，而企业所具有的这种价值创造作用来源于将各生产要素组合在一起产生的知识聚合作用，表现为企业在特定的生产函数下生产要素的边际产出高于其边际成本。式（1）、式（2）、式（3）、式（4）、式（5）清楚地表明了这一点：

$$V = f(k,l,s,e) - C_k - C_l - C_s - C_e \tag{1}$$

$$f'(k) > C_k = P_k \tag{2}$$

$$f'(l) > C_l = P_l \tag{3}$$

$$f'(s) > C_s = P_s \tag{4}$$

$$f'(e) > C_e = P_e \tag{5}$$

其结果就是包括人力资本与物质资本在内的各生产要素进入企业生产函数后，由于边际产出高于其要素价格，从而产生企业剩余。人力资本和物质资本均对企业剩余做出了贡献，但关键在于企业形成了适当的生产函数，而企业家和管理者的作用正是整合资源以形成生产函数，因此，以企业家为核心的经营管理团队对是否产生企业剩余具有关键性作用，这种异质型人力资本是企业价值创造的真正来源。

6.2 命题二：企业是为股东物质资本所有者和企业家等人力资本所有者所拥有的、具有法人财产权的法人实体

似乎一般的观点都认为"股东是企业的所有者"，而且这种观点有着传统的法理支持，但这种"股东至上"的逻辑已招致越来越多的批评也是事实，现实中也正在对这种逻辑做出改进。张维迎（1996）认为"企业作为一种契约，其本身是没有所有者的"，但企业如果没有所有者，它如何能同要素所有者签订契约呢？因此我们认为张维迎的观点是对企业契约性质的误读。而同样把企业看成一个契约，周其仁认为"一个契约应有多个所有权"，周其仁从契约交易双方必须拥有明确的所有权出发，进而将企业看成"一个人力资本与非人力资本的特别合约"，从而推导出企业不只有股东一个所有者，而是有物质资本与人力资本的多个所有者，而古典企业不过是将物质资本所有者与企业家人力资本所有者合二为一罢了。笔者认同周其仁的观点，认为企业是为股东等物质资本所有者和企业家等人力资本所有者共同拥有的。

股东将物质资本投入企业，并以所出财产对企业承担有限责任；股东具有

投票权,但并不能对企业财产的运营直接干预;企业是有自身财产权的法人实体。这些观点是被《公司法》等法律规定了的,但这种法理规定的企业所有权并没有体现出企业家等人力资本所有者对企业的所有权,因而是一个很大的弊端,由于企业家等人力资本激励不足,由此也产生了企业的委托代理问题,庞大的代理成本降低了企业的效率。欧美国家已广泛实行的经营者股票期权制度以及"利益相关者"意义上的立法实践(崔之元,1996)都表明,在理论上确认企业为股东等物质资本所有者和企业家等人力资本所有者共同拥有是非常必要的。

但由于企业家等人力资本与自然人不可分的产权特性,以及立法传统上的物权保护特点,我们需要对这种共同拥有做一个转换。这有两个原因:一是人力资本所有者获得企业财产所有权具有状态依存性的特征,即只有在人力资本对企业剩余创造出价值的情况下才应该确认其财产所有权;二是只有物质资本才具有抵偿经营损失的抵押作用,因此在法律上有必要规定在企业家等人力资本没有显示其价值信号前确保物质资本所有权的主导作用。因此我们认为企业仍可以在法律上确认为股东所有,物质资本所有者以其出资额获得股权,而企业家等人力资本所有者将其对企业剩余的贡献转化为股权,以此成为与物质资本所有者并列的企业股东。

6.3 命题三:企业中不同类型的人力资本对企业剩余的分享形式不同

在前文中我们已将企业中人力资本的类型分为作业型、专业型和企业家型三种类型的人力资本,他们都对企业剩余做出了贡献,但他们能否合理得到他们应得的那部分企业剩余,取决于其谈判地位或谈判力。企业家等经营管理者的作用体现在对生产函数的改进上,其作用体现在三个方面:一是风险决策能力,即根据市场需求选择投资项目的能力,相当于奈特所说的"做什么"及"如何做";二是组合创新能力,即整合资源、形成高效率的生产函数的能力,相当于熊彼特意义上的企业家;三是监督管理能力,以促进团队成员提高边际产出,相当于阿尔钦和德姆塞茨意义上的监督者。可见企业家对企业剩余的贡献是最大的,而且企业家由于占据了企业的实际经营控制权而具有很强的谈判力,因此也最容易同物质资本所有者一起分享企业剩余。在国有企业中,以企业家为核心的经营管理团队已形成内部人控制,具有非常强大的谈判地位,一方面因为他们重要,没有经营管理团队,国有企业不可能搞好,因而他们具有"要挟力";另一方面因为股东的缺位,国有企业的出资人是国家,具体由政府代表,而政府官员与企业没有直接的利益关系,企业家甚至可"买通"政府官员来答应自己的要求。专业型人力资本的谈判力取决于他们的重要性和不可替换性,即杨瑞龙等人所称的"专有性",如果他们具有专有性,就可以和经营管理者一起获得一些企业财产所有权。作业型人力资本一般没有谈判力，而且即使授予其股权，其数量也很少，可能起不到激励作用。但在国有企业，出于政治意识形态的考虑，工人也可能与管理层一道获得一些股权。

从激励的角度考虑，对不同类型的人力资本，其分享企业剩余的方式是不同的。企业家等经营管理者的作用关系企业全局，因此授予股权是非常合理的。专业技术人员的作用可能只关系到一些具体项目，对他们虽然也可以授予一些股权，但实施奖励或项目提成可能更有效果。而对于作业型人力资本，实施月度、季度或年度奖励更好些。

6.4 命题四：人力资本分享企业财产所有权应来源于扣除资本收益等项的剩余，即人力资本应采取增量股权激励方式

企业家等人力资本分享企业所有权既有合理性又有必要性，这种分享是建立在人力资本对企业剩余的价值贡献上的。在现有法律框架内，为保证物质资本投资者的利益，人力资本对企业财产所有权的分享来源应是扣除资本收益等项后的企业剩余，而非会计账户上的企业利润或股东权益等概念，由此也就限定了只有为市场所证明进行了价值创造的人力资本才能分享企业财产所有权，我们可将这种为市场所证明进行了价值创造的人力资本称为"显性人力资本"，这种显性人力资本可以在企业创建之初，经物质资本所有者同意取得部分财产所有权，表现在现实中就是企业家与出资人共同创立企业，共同分享企业股权；也可以在企业发展过程中从企业增发股份中获得财产所有权，这种分享是在企业家等人力资本业绩贡献突出的情况下取得的。

这种扣除资本收益等项后的企业剩余在概念上非常类似于"经济增加值"（EVA），因此在实践中可以用经济增加值作为指标。EVA是财务管理的一个重要指标，它可定义为企业收入减去所有成本（包括股东权益的成本）后的剩余收益，等于税后经营利润减去债权和股权的成本。它是资本在特定时期内创造的收益，即EVA＝息前税后经营收益－使用的全部资金×资本成本率＝税后经营收益－使用的股权资金×股权成本率。如果经济增加值为正，说明企业创造了财富，这时可按一定比例由企业家等人力资本分享经济增加值，这种分享可以是现金，也可以将相应金额转换为企业股权；如果经济增加值为负，则表明企业价值受到了损失；如果经济增加值为零，则说明企业只获得了金融市场的一般预期收益，刚好补偿了资本成本。在经济增加值非正或没有达到一定正值时，可规定企业家等人力资本不得分享企业剩余。

参考文献

［1］曹正汉．寻求对企业性质的完整解释：市场分工的不完备性与企业的功能
　　　［J］．经济研究，1997（7）：72－79．

［2］丁栋虹．制度变迁中企业家成长模式研究［M］．南京：南京大学出版
　　　社，1999．

［3］黄桂田，李正全．企业与市场：相关关系及其性质［J］．经济研究，
　　　2002（1）：72－79，96．

［4］加里·贝克尔．人力资本（第三版）［M］．北京：机械出版社，2016．

［5］科斯，阿尔钦，诺斯等．财产权利与制度变迁——产权学派与新制度学派
　　　文集［M］．上海：上海三联书店、上海人民出版社，1994．

［6］科斯，哈特，斯蒂格利茨等．契约经济学［M］．北京：经济科学出版
　　　社，1999．

［7］理查德·康替龙．商业性质概论［M］．北京：商务印书馆，2011．

［8］李忠民．人力资本：一个理论框架及其对中国一些问题的解释［M］．西
　　　安：西北大学，1998．

［9］连建辉．企业治理：制度演进与实践发展［M］．成都：西南财经大学出
　　　版社，2004．

［10］路易斯·普特曼，兰德尔·克罗茨纳．企业的经济性质［M］．上海：上
　　　海财经大学出版社，2000．

［11］马克思著，中央编译局译．资本论（第1、第2卷）［M］．北京：人民
　　　文学出版社，1975．

［12］迈克尔·迪屈奇．交易成本经济学［M］．北京：经济科学出版
　　　社，1999．

［13］王开明．团队生产与团队协调：企业知识理论与主流企业理论的比较、
　　　综合与发展［J］．经济评论，2002（6）：106－110．

［14］威廉姆森．反托拉斯经济学：兼并、协约和策略行为［M］．北京：经济
　　　科学出版社，1999．

［15］威廉姆森．资本主义经济制度：论企业签约与市场签约［M］．北京：商
　　　务印书馆，2002．

［16］西奥多·舒尔茨．论人力资本投资［M］．北京：北京经济学院出版
　　　社，1990．

［17］亚当·斯密．国民财富的性质和原因的研究［M］．北京：商务印书
　　　馆，1997．

［18］雅各布·明塞尔．雅各布·明塞尔论文集（第一卷《人力资本研究》）

［M］．北京：中国经济出版社，2001．

［19］杨瑞龙，杨其静．专用性、专有性与企业制度［J］．经济研究，2001
（3）：3-11，93．

［20］张维迎．企业的企业家—契约理论［M］．上海：上海三联书店、上海人
民出版社，1995．

［21］张维迎．所有制、治理结构及委托代理关系——兼评崔之元和周其仁的
一些观点［J］．经济研究，1996（9）：3-15，53．

［22］张维迎．企业理论与中国企业改革［M］．北京：北京大学出版
社，1999．

［23］周其仁．市场里的企业：一个人力资本与非人力资本的特别合约［J］．
经济研究，1996（6）：71-80．

［24］Aghion P．，and J．Tirole．*Formal and real authority in organizations* ［M］．
Oxford：Oxford University Press，1995．

［25］Aghion P．，and J．Tirole．*Formal and Real Authority in Organization* ［J］．
Journal of Political Economy，1997，105（1）：1-29．

［26］Alchian A．，and H．Demsetz．*Production，Information Costs，and Economic
Organization* ［J］．American Economic Review，1972，62（50）：777-95

［27］Barney J．B．．*Looking inside for competitive advantage* ［J］．Academy of Man-
agement Executive，1995，9（4）：49-61．

［28］Berle A．A．，G．C．Means et al．*The modern corporation and private property*
［J］．Economic Journal，1932，20（6）：119-129．

［29］Casson M．．*The Entrepreneur：An Economic Theory* ［M］．Washington DC：
Rowman & Littlefield Publishers，1982．

［30］Cheung S．N．S．．*The Contractual Nature of the Firm* ［J］．Journal of Law and
Economics，1983，26（1）：1-21．

［31］Coase Ronald．H．．*The Problem of Social Costs* ［J］．Journal of Law and Eco-
nomics，1960，3（4）：1-44．

［32］Fama E．F．，and M．C．Jensen．*Separation of Ownership and Control* ［J］．
Journal of Law & Economics，2013，26（2）：301-325．

［33］Grossman S．J．，and O．Hart．*The Costs and Benefits of Ownership：A Theory
of Vertical and Lateral Integration* ［J］．Journal of Political Economy，1986，
94（4）：691-719．

［34］Hart O．，and J．Moore．*Property Rights and the Nature of the Firm* ［J］．Jour-
nal of Political Economy，1990，98（6）：1119-1158．

［35］Hart O．．*Firms，contracts and financial structure* ［M］．Gloucestershire：Clar-
endon Press，1995．

［36］Klein B．，R．Crawford，and A．Alchian．*Vertical Integration，Appropriable*

Rents and the Competitive Contracting Process [J] . Journal of Law and Economics, 1978, 21 (2): 297 – 326.

[37] Kirzner I. M.. *Perception, Opportunity and Profit* [M] . Chicago: Chicago University Press, 1979.

[38] Knight F.. *Risk, Uncertainty, and Profit* [M] . New York: A. M. Kelley, 1964 (1921) .

[39] Marshall, Alfred. *Principles of Economics.* 1 (*First ed.*) [M] . London: Macmillan, 1890 (2012) .

[40] Nelson R. R. , and S. G. Winter. *An evolutionary theory of economic change* [M] . Cambridge: Mass, Belknap Press, 1982.

[41] Prahalad C. K. , and G. Hamel. *The core competence of the corporation* [M]. Harvard Business Review, 1990 (66): 79 – 91.

[42] Penrose E. T.. *The theory of the growth of the firm* [J] . Long Range Planning, 1959, 29 (3): 192 – 193.

[43] Rajan R. , and L. Zingales. *Power in a Theory of the Firm* [J] . Quarterly Journal of Economics, 1998, 113 (2): 387 – 432.

[44] Rubinstein A.. *Perfect Equilibrium in a Bargaining Model* [J] . Econometrica, 1982, 50 (50): 97 – 109.

[45] Schultz T. W.. *Investment in entrepreneurial ability* [J] . Scandinavian Journal of Economics, 1980, 82 (4): 437 – 48;

[46] Schumpeter J. A.. *The theory of economic development* [M] . Cambridge: Cambridge University, 1934.

[47] Shackle G. L. S.. *the Years of High Theory* [M] . Cambridge: Cambridge University Press, 1967.

[48] Shleifer A. , and R. Vishny. *Managerial Entrenchment: The Case of Manager – Specific Investments* [J] . Journal of Financial Economics, 1989, 25 (1): 123 – 139.

[49] Stigle G. , and C. Friedman. *The literature of economics: the case of Berle and Means* [J] . Journal of Law and Economics, 1983, 26 (2): 237 – 268.

[50] Tirole J.. *Corporate Governance* [J] . Econometrica, 2001, 69 (1): 1 – 35.

[51] Yang X. , and Y – K. Ng. *Theory of the firm and structure of residual rights* [J] . Journal of Economic Behavior, 1995, 26 (1): 107 – 128.

[52] Zingales L.. *Corporate governance, the New Palgrave Dictionary of E. and L* [M] . London: Macmillan, 1997.

[53] Zingales L.. *In Search of New Foundations* [J] . Journal of Finance, 2000, 55 (4): 1623 – 1653.

The general theory of human capital sharing property ownership of enterprises

Wu zhifeng

Abstract　This paper theoretically demonstrates the logic of human capital sharing property ownership of enterprise. The author shows that the enterprise is the carrier of the creation of social value from the nature of the enterprise. And further demonstrates that it is the combination of material capital and human capital that the sources of enterprise value creation. Besides, heterogeneous human capital is the core of enterprise value creation, so it should share the property rights of enterprises. Then from the practical level, the author analyses that whether human capital can share the enterprise property rights depends on the shareholder status in negotiation, and discusses dynamic allocation of enterprise ownership. Finally, the author generally summarizes the whole thesis, and proposes the way of human capital sharing the enterprise property rights by incremental equity incentive.

Key words　human capital　enterprise surplus　ownership distribution

公共金融：概念界定与框架勾勒[*]

朱柏铭[①] 俞洁芳[②]

摘 要 公共金融是指各类金融机构在政府的支持下，为实现公共利益，遵循保本经营原则而进行的资金融通行为。公益性和保本性的结合是公共金融的本质特征。它与具有公益性与无偿性的公共财政和具有盈利性与有偿性的商业金融相区别。公共金融体系由开发型公共金融、扶持型公共金融、促进型公共金融和福利型公共金融四个部分组成。

关键词 公共金融 概念界定 框架体系

近年来，理论界开始出现"公共金融"的说法，但是用语并不完全相同，除"公共金融"之外，还有"新公共金融""公共金融活动""新型准公共金融供给制度"等提法。这种动向的出现，可能是因为随着时代的发展，人们对金融问题的认识在深化；也可能是因为人们对政策性金融和开发性金融的关系一直争论不休。本文拟就"公共金融"概念的内涵与外延做一点粗浅的探究。

1 理论界已有的观点及其评价

1.1 代表性观点

吴美华、张彦伟（2006）是国内较早提出"新公共金融"概念的学者。他们认为，新公共金融是指为全球化的各种需求融资的活动，它拓宽了公共财政主要以单一的国家为中心的局面，涵盖了为迎接全球化挑战的国际和国内需求的几乎所有方面，它把公私合作关系引向全球化公共政策领域。由于它主要是为迎接全球化挑战融资，因而称其为公共金融更合适。而且认为，新公共金融的理论基础是全球公共产品和跨国界外部效应，新公共金融理论的逻辑起点是公共财政。

---

[*] 作者联系方式：杭州市浙大路 38 号，浙江大学经济学院，邮编：310027，E - mail：cathy1012@126. com。

① 朱柏铭，浙江大学经济学院教授、博士生导师，从事财政理论与制度研究。

② 俞洁芳，浙江大学经济学院副教授、硕士生导师，从事国际金融、新金融等研究。

张玉喜、段金龙（2015、2016）认为，"公共金融的本质，是政府为弥补国内资源与国内资本对公共经济支持力度的不足，通过制定合理的金融政策，运用合理的金融手段或工具对公共经济施加影响，由此发挥的功能与作用体现了金融的公共经济特性，因而称为公共金融。"在另一篇关于金融支持科技创新的论文中，他们揭示了公共金融的外延。公共金融通过直接或间接的介入方式支持科技创新，前者包括科技财政投入、贷款贴息、政策性金融贷款、政府采购；后者包括科技贷款、风险投资、科技保险与担保、科技资本市场融资。

杨士（2016）对"公共金融活动"的范围大体做了界定。一段时间以来，人们更多地从经济视角分析财政问题，而忽略了最初意义上的财政是公共金融活动的性质。税收是一种公共金融活动，是政府为了提供公共产品和公共服务所进行的融资活动。公债融资和市场上的金融活动除了举债主体是一般意义上具有更高信用等级的政府之外，有更多的相似之处。这种公共金融活动的直接债务人是政府，所带来的财政风险也是直接的，通常容易引起关注。政策性金融机构以及国有金融机构、国有企业等的融资活动，虽然有一定的风险防火墙，但金融风险转嫁给财政的通道依然存在。特别是，部分金融活动是为政府实现特定目标而进行的，这样的金融风险就不能不加以关注。此类金融活动因为政府的介入而带有典型意义上的公共金融活动的特征，已经不能简单地以金融市场行为来解释。

刘克崮（2017）主张建立"新型准公共金融供给制度"，认为解决贫困地区融资难，主要方式是增加金融供给，增加农村金融供给的根本办法是建立新型准公共金融供给制度。主要由以下四类机构组成：第一类，国家开发银行、农业发展银行等开发性政策性金融机构。主要覆盖贫困片区和县乡村基础设施、扶贫搬迁，可在经济欠发达地区设立地市级分支机构，并与邮储银行一起向小微型准公共金融机构批发性供应资金和技术。第二类，将农业银行的县级机构、邮储银行和农业发展银行机构的资源统筹考虑，建立国家级农业农民专业银行，作为专门为农户和农业产业化服务的县域金融新型主力军。第三类，强化农信社（农商、农合）、邮储银行的县域低收入群体金融的主力军地位。第四类，试行新型乡村农民银行和乡村农民小贷公司。

1.2 评析与疑问

上述几篇文献都有值得肯定之处。比如在"公共金融"概念的内涵上，张玉喜、段金龙（2015、2016）认为公共金融的本质是政府为弥补国内资源与国内资本对公共经济支持力度的不足，通过制定合理的金融政策，运用合理的金融手段或工具对公共经济施加影响的活动；吴美华、张彦伟（2006）认为"新公共金融"是为全球化的各种需求融资的活动。再如在"公共金融"概念的外延上，杨士（2016）认为公债融资和政策性金融机构的融资活动属于公共金融；刘克崮（2017）认为新型准公共金融供给制度主要由开发性政策性金融机构等四类机构组成。

然而，至少有以下两个问题需要进一步探讨。

1.2.1 公共金融的理论基础是什么

吴美华、张彦伟（2006）认为，国内公共产品的提供和外部性的矫正靠公共财政，全球公共产品的提供和跨国界外部效应的矫正靠公共金融。事实并不完全如此。对于全球性公共产品的提供，联合国等国际组织扮演着供给者甚至生产者的角色，但是，其费用的开支，部分是通过收取会费的方式解决的；部分由各国自愿捐献，比如联合国维持和平部队在亚丁湾值勤，使过往的商船免受海盗的掠夺。跨国界外部性，主要是通过国与国之间的外交手段矫正的。当然，像世界银行、国际货币基金组织等机构的一些业务，涉及"为全球化的各种需求融资"，属于公共金融活动。另外，国际领域存在公共金融，国内是否也存在公共金融？如果存在，那么，把公共金融定位于"为全球化的各种需求融资"似乎在逻辑上不够严密。当然，该文所言的是"新公共金融"，然而全文始终没有解释为什么称为"新"，它所对应的旧公共金融又为何物。

杨士（2016）认为"最初意义上的财政是公共金融活动的性质""税收是一种公共金融活动，是政府为了提供公共产品和公共服务所进行的融资活动。"这个观点是对财政和税收本质的误解和曲解。"财政"一词的英文表述为"Public Finance"，直观地看，好像就是"公共金融"。但是，财政的本义却不能与金融混同。在我国历史上，财政称为国计、国用、度支等，而"财政"一词见诸清光绪年间，是借用日本人的译法。日本在明治维新时，从西方引进"Public Finance"的词意，同时借用中国古代"财"和"政"两个字，立"财政"一词。当时的解释是：财者，钱财也；政者，政治也；财政者，乃管理公共钱财或财货之事也。早期的西方学者认为，财政是政府收入和支出的管理，有时也解释为政府资金的征收、使用和管理。20 世纪 50 年代以后，财政逐渐拓展为公共经济。正如马斯格雷夫（R. A. Musgrave）在《财政理论与实践》1973 年初版序言中所说，"财政这一名词，传统地应用于包含税收和支出措施的那套政策问题。这不是一个好名词，因为根本问题不是资金方面的，而是涉及资源利用、收入分配和就业水平的。"至于税收，它是政府提供公共产品的成本补偿机制，这个观点已经越来越多地为人们所接受。但是，由于税收具有两大特征，即依托政治权力体现的强制性和以法律法规形式体现的固定性，而融资具有借贷双方自愿约定的特征，而且必须还本付息，所以，税收与融资是不能等同的，税收也不可能包含在融资范畴中。

1.2.2 公共金融的范围有多大

张玉喜、段金龙（2015、2016）把科技财政投入、贷款贴息、政府采购等作为公共金融的工具，那怎么区分"公共金融"与"公共财政"？众所周知，资金融通以信用为基础、以还本付息为条件，而财政支出不具备这样的性质和特征。科技财政投入是政府安排财政资金维持科技管理部门正常运转或者鼓励创新活动；贷款贴息是政府给企业贷款利息的全部或部分给予补贴，以降低利息成本，推动经济增长；政府采购是通过招投标或协议方式，集中定向采购商品、劳务或工程，在节省财政资金的同时，选择性地支持企业或行业的发展。显然，科技财政投入和政府采购基本上与金融不沾边，贷款贴息与金融有关，但是属于间接关联，从属性上看，贷款贴息是财政补贴的一种。

杨士（2016）把政策性金融机构以及国有金融机构、国有企业等的融资活动看作公共金融活动，理由是政府介入了，而且是为了实现特定的目标。把政策性金融机构的融资活动纳入公共金融的范围，似乎没有多大的异议。但是，国有金融机构和国有企业的融资活动，是否也属于公共金融的范围？这里涉及公共金融的主体问题。如果认为公共部门的金融活动都是公共金融活动，那这个范围可能非常广。因为，公共部门是国家政权机关及其所属企业、事业单位的总和。从归属看，国有金融机构和国有企业都属于公共部门，但是，它们的投融资活动（至少是部分投融资活动）以获取利润为目的，因而很难归属于公共金融。刘克崮（2017）所说的"新型准公共金融供给体系"由四类机构组成，做这样的界定，可能是考虑到贫困地区和农村地区的实际情况。至于能否实现，取决于这些机构是否有政府的支撑和财政的支持。因为这四类机构，有些是有盈利的。①

2　公共金融的定义及本质特征

2.1　公共金融的内涵与外延

从内涵上看，公共金融是指各类金融机构在政府的支持下，为实现公共利益，遵循保本经营原则而进行的资金融通行为。这个定义包含三个基本要素。

第一，公共金融以实现公共利益为目标，不以获得利润为目标。表面看来，这是与公共财政重合的。其实不然，公共财政追求公共利益，且不盈利，但是无论是组织收入还是安排支出，都不体现还本付息的有偿性原则，税收、政府性基金、经常性支出、资本性支出等都是无偿的。只有国债、地方债等是

---

① 按照《现代汉语词典》（2016 年第 7 版）的解释，"营利"是指谋求利润，作动词用。"营"有"谋取、寻求"的意思。至于"盈利"，也可以写成"赢利"，"赢利"的意思是扣除成本获得的利润。可见，"营利"并不要求一定获得实际利润，而"盈利"或"赢利"必须有净利润。

与公共金融重合的。

第二，公共金融遵循保本原则进行投融资，筹资对象主要为成本低廉、稳定可靠的社会性资金，用资方式主要为直接或间接的优惠贷款。公共金融承办者虽不追求利润最大化，但必须追求项目的有效性、贷款的可偿还性及发展的可持续性。

第三，公共金融的形式主体是金融机构，但是受政府的财力支持。非营利性的项目，往往服从于特定的政策目标，贷款利率或者收费标准难以提高，结果导致有些项目不可能实现收支相抵，即连成本都无法补偿。没有政府财政的支持，公共金融活动恐怕难以为继。

从外延上看，公共金融范围边界的确定必须注意以下两点。

第一，判断一种金融活动是不是公共金融，以活动或项目的性质为标准，不取决于机构的性质。商业金融机构总体上是追求利润的，但是，如果它愿意为特定政策目标的项目融资，且基本上没有盈利的空间，那就属于公共金融活动；反之，即便是国有的金融机构，只要其投融资活动以盈利为目的，那就不属于公共金融活动。

第二，判断一种金融活动是不是公共金融，以是否遵循信用原则为标准。如果一项活动获得了政府的财力支持，但是没有按照还本付息的信用原则开展活动，就不属于公共金融（大多属于公共财政）。绝不能把公共财政归结为公共金融，甚至不能把与金融有关的财政活动归属到公共金融中。举例来说，财政预算每年都安排金融保险业监管等事务支出，包括金融部门监管、金融发展、金融调控、农村金融发展等方面的支出，显然不能认为这些是公共金融。当然，各级政府部门利用临时性调度资金、间歇资金、沉淀资金、应付未付款等资金进行违规有偿使用，也不属于公共金融。另外，公共金融承办者甚至商业金融机构对社会的捐赠，虽体现了社会公共利益，但是没有体现信用原则，也不是公共金融。

大体来说，公共金融包括开发型公共金融、扶持型公共金融、促进型公共金融和福利型公共金融四个组成部分。开发型公共金融侧重于通过资金融通开拓、发现、利用新的资源或新的领域，以激发某些产业或地区的发展；扶持型公共金融侧重于对弱质产业（如农业）、弱势产业（如小微企业）和资源耗竭地区的支持，目前，中国农业发展银行和中国进出口银行的大部分贷款业务属于这一类；促进型公共金融是为了促进政府资金与社会资本的耦合，撬动社会资本，起到"四两拨千斤"的作用；福利型公共金融侧重于对特殊群体福利的改善，而这种改善又不宜或者无法纳入公共财政体系和社会保障体系。如表1所示。

表1　公共金融的外延

类别	业务描述
开发型 公共金融	交通、通信、供电、供排水、供气、供热等基础设施建设贷款
	幼稚阶段新兴产业贷款及保险
	国内落后地区发展贷款
	国际性开发金融机构和区域性开发金融机构贷款
扶持型 公共金融	农业、林业和农村融资及农业保险
	机电产品、成套设备和高新技术产品出口及对外承包工程、境外投资贷款
	资源耗竭地区和老工业基地发放的贷款
	小微企业贷款及融资担保
	国有事业单位的融资活动（如公立高校建新校区贷款）
促进型 公共金融	中央政府国债
	地方政府债券、存量政府债务
	政府负有担保责任的债务及可能承担一定救助责任的债务
	财政部门作为实际控制人的项目收益债券
	政府产业基金贷款
	PPP项目贷款
	社会保险基金沉淀资金的投资
	住房公积金沉淀资金的投资
福利型 公共金融	廉租住房建设贷款
	个人购置保障性住房按揭贷款
	棚户区、危旧房、城中村改造贷款
	高校、中等职业学校学生贷学金

注：小微企业总体上起点低、实力弱、管理欠规范，往往得不到商业金融机构的贷款，但是，小微企业对提供税收、促进就业等有贡献，因而需要公共金融予以支持。

2.2　公共金融的本质特征

公共金融的本质特征是公益性和保本性的结合。与此相对应，公共财政是公益性与无偿性的结合，商业金融是盈利性与有偿性的结合。

2.2.1　公益性

公益性是指体现一定范围内不特定多数人的共同利益。公益性的理论基础是弥补市场缺陷。商业金融以获取高额利润为目的，天然地以"嫌贫爱富""锦上添花"等为金融活动的取舍原则，于是，市场缺陷就显现出来了。例如，商业金融机构不愿发放受气候影响较大从而收益不确定的农业贷款，不愿发放贫穷家庭孩子的助学贷款，不愿发放失败概率较大的风险贷款，等等。

照理来说，从资源配置效率的原则出发，市场缺陷的弥补应由政府部门承担。但是，政府部门是一种国家政权机关，完全依靠财政拨款维持其正常运转，这一质的规定性使它只能向社会公众免费提供公共服务，而不能像私人企业那样，通过市场直接从事经营性活动，通俗地说，就是"从政者不能经营"。公共金融的承办者能以经营主体的身份与社会公众开展投融资活动，只不过，这样的经营主体不以获利为目的。

当然，不能把弥补市场缺陷的任务都落在公共金融承办者的身上，政府部门自身依然是弥补市场缺陷最主要的主体。一种经济活动适宜于通过财政拨款的方式去承办还是适宜于通过公共金融的方式去承办，界定的标准是承办者能否从这种经济活动中获得收益。若不能获得收益，则只能由政府部门去承办，其供给成本通过征税得到补偿；若能获得收益，表明这种经济活动适宜于通过公共金融以信用方式去运作并回收成本。从财政学的角度看，前者是公共产品，在技术上无法排除"免费搭车者"，从而使收费变得不可能，这样，不仅难以获得利润，往往连成本都无法收回；后者是准公共产品，有条件把"免费搭车者"排除在外，承办者可以按照有偿经营原则开展活动。

2.2.2 保本性

保本性是指公共金融不以获取利润为目的，只追求成本的补偿。假如某个项目具有较高的利润率，商业金融机构肯定乐意介入；如果连成本都不能补偿，那就须由财政安排经费；如果能回收成本，但没有利润或者不该有利润，那就通过公共金融方式运作。

需要澄清的两个概念是营利性与非营利性。营利性是指承办者的经营收益即盈利可作为投资者的经济回报；非营利性是指承办者为社会公众利益服务，其收益用于弥补经营成本。二者的主要区别在于，投资者有没有盈利可以分配。非营利性的只能将收益用于成本补偿，注重的是社会效益，而非个人利益。营利性的则是投资者可以分配和占有盈利，其目的在于利润最大化。

从经济学的角度看，保本性意味着产品定价以平均成本为基础，这个时候公共金融承办者没有利润，但是能做到收支相等（或盈亏互抵）。在收支相等的条件下，虽然没有利润，但是经营者为自己的机构提供组织和管理活动所应该获得的报酬（又称正常利润）是存在的，而且与地租、工资等其他要素成本一起，包含在成本之中，[1] 因此，公共金融承办者愿意继续经营。

在实际中，如果社会资本兴办公共金融，就面临着趋利性与公益性的冲

---

[1] 笔者曾对此做了专门的探究，参见朱柏铭. 简评两种利润理论［N］. 社会科学报，2008 - 02 - 21.

突，即社会资本的逐利性本能与公共金融的非逐利性之间的排斥，表现在社会资本以"非盈利"之名行"盈利"之实的行为，一方面提高贷款利率和收费标准，另一方面骗取财政补贴。因此，保本点成为政府对公共金融承办者进行规制的关节点。

保本点（Breakeven point）是指总收益与总成本相等的点，这个时候没有利润，但也不亏损，所以又称"损益平衡点"或者"盈亏临界点"。如果以 π 代表利润，Q 代表产量，P 代表价格，TR 代表总收益，TC 代表总成本，C_F 代表固定成本，C_V 代表单位可变成本，T 代表税收，t 代表综合税率，假设总收益与总成本均是产量的线性函数，则有

$$\pi = TR - TC - T \quad \text{也即} \quad \pi = P \times Q - (C_F + C_V \times Q) - P \times Q \times t$$

保本意味着利润 $\pi = 0$，将上式整理后得

$$\text{产量保本点} = C_F \div \{[P \times (1 - t)] - C_V\}$$

$$\text{价格保本点} = (C_F + Q \times C_V) \div [Q \times (1 - t)]$$

假如公共金融承办者的经营业绩超过了保本点，就有机会赚取利润，但是，背离了公益性原则；反之，如果经营业绩低于保本点，就会加重财政补贴的负担。

另外，现行政策性和开发性金融机构的部分业务遵循保本微利的经营原则。本文只坚持保本而不主张微利，主要是因为保本的背后往往以政府财力支持做后盾，公共金融的可持续性是能够保证的。由于微利与高利之间没有也无法有明确的划分，假如允许微利，财政补贴的负担能减轻一些，但是，一旦承办者以微利的名义赚取高利，由此造成的福利损失，就会远远大于所节省的财政补贴。

参考文献

[1] 吴美华，张彦伟．基于全球框架的新公共金融理论［J］．金融研究，2006（12）．

[2] 张玉喜，段金龙．科技创新的公共金融支持评价体系研究——以黑龙江省为例的分析［J］．理论探讨，2015（6）．

[3] 张玉喜，段金龙．科技创新的公共金融支持机理研究［J］．求是学刊，2016（9）．

[4] 杨士．防范财政风险需要高度关注各种公共金融风险［N］.21世纪经济报道，2016 – 09 – 20.

[5] 刘克崮．建立新型准公共金融供给制度［N］．人民政协报，2017 – 09 – 05.

[6] 王伟．政策性金融与开发性金融之辨析及其转型定位研究［J］．广东金

融学院学报，2006（5）．

［7］史际春．国企公益性与营利性并不矛盾［N］．中国社会科学报，2014 - 04 - 09.

Public Financing：Concept Analysis and Framework Outline

Zhu boming   Yu jiefang

Abstract   Public financing refers to the break – even financing behavior of various financial institutions under the support of the government for the public interest. Characterized by non – profit and break – even, it is different from the traditional public financial services provided by the government, and commercial financial services provided by financial institutions. There are four types of public financing, development public financing , supportive public financing, promotive public financing and welfare public financing.

Key words   Public Financing   Concept Analysis   Framework Outline

中国金融学

China Journal of Finance

关于地级市政府税费收入的相关研究

李林烨[①]　　许　涛[②]

摘　要　公共财政收入是保障政府履行职能的重要基础之一。本文采用 2013—2015 年共计 283 个中国地级及以上城市政府的财政公开数据，完成了对一般公共预算收入中税收收入及其内部各收入款、非税收入及其内部各收入款的统计分析和回归分析，并对税收和非税收入规模的增长速度进行了 t 检验与 Kruskal – Wallis 检验。在现行的财政体制下，地方政府应当注重优化收入结构，方能使其资金收入规模稳步提升、结构不断优化，从而在本地经济和社会发展中合理发挥政府职能，促进本地区长足稳定的发展。

关键词　地级及以上城市　政府行为　税收收入与非税收入

1　背　景

公共财政又被称为现代财政，既包含经济范畴，又同时兼具政治范畴。

我国的公共财政概念可以被概括为：国家为了实现其职能需求，凭借政治权力，参与一部分社会产品或过度收入分配和再分配所进行的一系列经济活动。在经济社会发展的过程中，全国公共财政收入、税收收入和非税收入基本呈现稳步上升趋势。

1994 年，考虑到地方财力不断增长且完成了工业初始化积累，而财权的下放却导致中央政府的财政收入占全国财政总收入的比例不断下降，财政能力和宏观调节能力不断削弱，故实行分税制改革以应对地方财政收入份额增长、中央政府财政收入比重下降的局面。

2004 年底，我国形成《政府收支分类改革方案》，并于 2005 年 12 月 27 日经批准后正式进入实施阶段，之后依据形式在保持原有框架下对其中细分科目不断进行调整[③④]。

---

① 李林烨，清华大学公共管理学院硕士研究生，现任职于中国社会科学院。

② 许涛，清华大学公共管理学院博士后，现任职于中国光大集团股份公司。

③ 如《2013 年政府收支分类科目》进行的一系列调整情况：http://www.mof.gov.cn/zhuantihuigu/czjbqk1/jbqk2/201405/t20140504_1074632.htm。

④ 《2017 年政府收支分类科目》中的一般公共预算收入部分详见财政部网站。

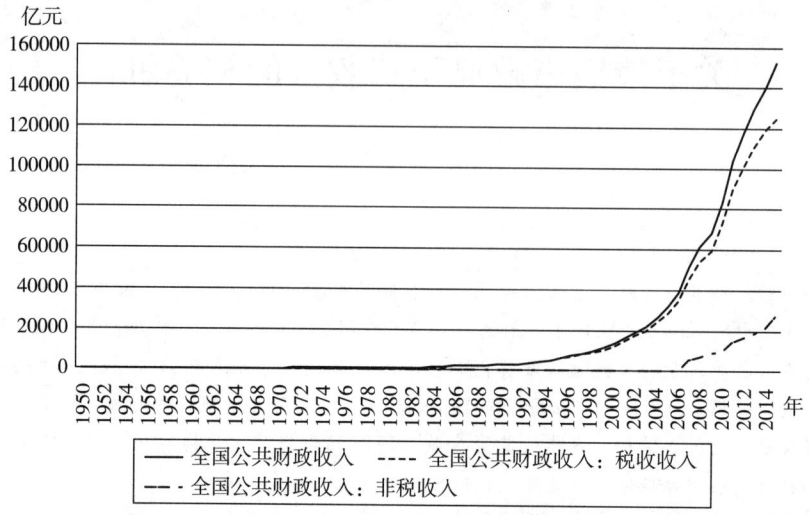

图 1 全国公共财政收入、税收收入与非税收入数额①

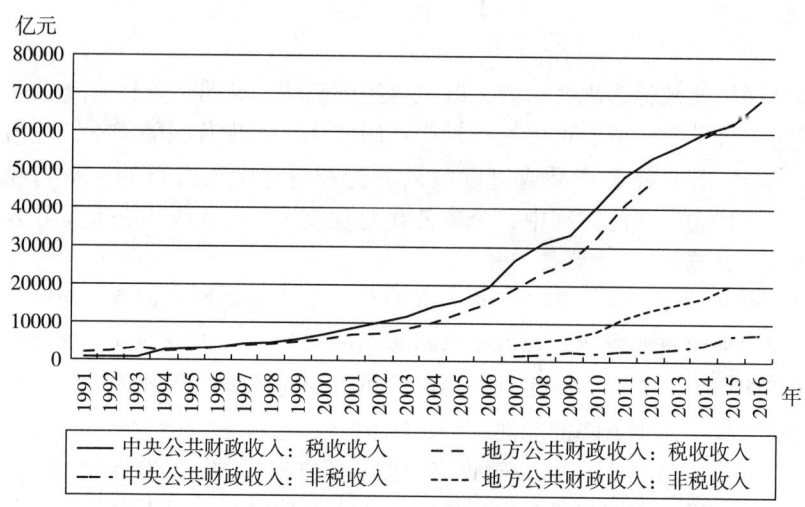

图 2 中央和地方税收收入与非税收入的增长趋势

---

① 数据由笔者整理自《中国财政年鉴》。

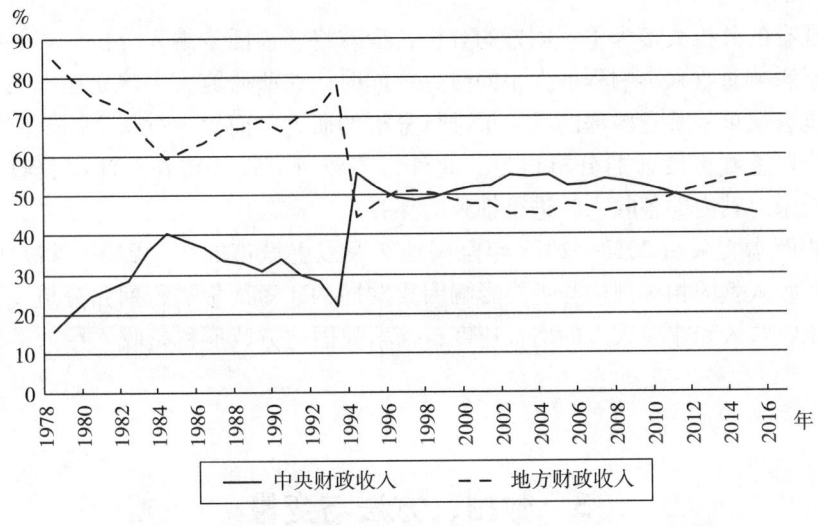

图3 中央和地方财政收入的比例变化①

2 文献回顾

已有各种不同的理论阐释和实证检验探究了我国财政收入结构的影响因素。如贾康提出的包括经济增长、价格和统计、征管及政策调整等在内的"多因素论",高培勇和唐登山提出的征管空间巨大的"特殊因素论"以及产业结构和产业税负差异说;从宏观方面来看,经济增长、消费、投资都会对税收收入产生影响,也有学者运用实证研究了增值税、营业税、企业所得税和个人所得税收入的影响因素,分析总结其作用路径的异同。总体来看,其探讨较多地集中在经济因素和城市规模两个维度,兼有对不同地区政府增收行为的阐释。

经济增长决定了财政收入规模,对地方政府的财政收入起着决定性作用,人均财政收入的相对差距就是发展不平衡的结果和直接表现。产业结构对地方一般公共预算收入有不同程度的影响,已有学者从这方面进行了研究,但目前各产业对一般公共预算收入内部各收入款产生的影响作用仍较为模糊。经济开放程度影响经济总量变化的重要因素,也会对政府的财政收入产生贡献。城镇化不仅是工业化的结果,也反过来会促进第二、第三产业的发展,其对财政增长有正向作用。人口既是劳动力的载体,也是消费的主体,人口流动必然会对地方财政产生影响。此外,不同区域、层级的地方政府会依据本地情况调整其征收行为,这种由政府区域和层级导致的行为差异进而对其财政收入结构产生

① 数据由笔者整理自《中国财政年鉴》。

了不同的影响。

现有的分析大多为单一因素的分析，少有将多种因素纳入分析框架并探究各因素影响对收入影响程度大小的研究。同时，这些研究大多建立在省级层面上，也有从单一某省内部的县、市进行分析的研究，而较少有从全国范围内的地级及以上城市展开的分析讨论。此外，多数研究仅停留在关注税收收入层面，而未对其内部各收入款进行细致的探究。

故而本文采用 2013—2015 年全国地级及以上城市的相关数据，将总收入内部各收入款的相对规模与主要影响因素共同构建短面板进行回归分析，同时检验税收收入和非税收入的增长速度，探索我国地方政府税费收入行为的影响因素。

3　数据、方法与变量

3.1　研究数据

我国目前的地方行政区主要为省级、地级、县级、乡级四级结构，其各级政府为地方财政收入权力的主体。其中，市、县不仅拥有独立财政来源，且占据了全国较大范围的辖区面积和人口。考虑到县级政府和乡级政府较多依靠上级政府，而依靠自身取得财政收入的能力相对较弱，故而选取财政独立性相对较高且更接近地方经济社会运行的市级政府作为研究对象，以更加精确地分析中国地方政府的财力状况。

综合 2015 年《中国城市统计年鉴》中《城市行政区划和区域分布》以及中华人民共和国民政部区划地名司发布的《中华人民共和国 2016 年县级以上行政区划变更情况》[①] 可以发现，中国目前共有 4 个直辖市、15 个副省级市、274 个地级市[②]和 361 个县级市。其中，地级及以上城市共计 293 个，结合数据结果，剔除西藏、新疆、青海等省（自治区）内因财政收入数据缺失过多的地级市，最终确定 283 个城市进行分析。

由于不同区域的城市发展水平各有差异，其政府的财政收入能力也不完全

---

① 参见全国行政区划信息查询平台 http://xzqh.mca.gov.cn/description? dcpid=2016。

② 另一种统计方法是地级行政区划，中国目前共有 334 个地级行政区，包括 293 个地级及以上城市、30 个自治州、8 个地区、3 个盟。http://baike.baidu.com/link? url = MSL – bBZSepSrJ2LzEjyLgOzh6 dmvWeyvzqRaE2Fh732ga1Exffx8XJ8tw6uSfbKU1WDwJQdqQMQzpjAMC6T4UjtBqTyQt – TNfMConUlfDlLAVgqi7 OZt6BzD18SutjYf#8。

相同，比如 5 个计划单列市享受省级经济权限①，其收入仅与中央分成，无须上划至本省，但其经济规模与直辖市仍具有一定差距。在 283 个城市中，不同区域内的城市其经济体量也有一定差别。在经济地带的划分上，尽管国家统计局②的统计口径采用东部、中部、西部和东北地区的划分方法，但笔者检索到财政部③曾就东部、中部、西部的划分给出建议，即按照 1999 年以来的划分是能够保证中央各项政策的延续性、符合地区经济发展水平和财政状况的，故而在本文中采用财政部的区划建议④：东部包括北京、天津、辽宁、上海、江苏、浙江、福建、山东、广东；中部包括河北、山西、吉林、黑龙江、安徽、江西、河南、湖北和湖南；西部包括内蒙古、广西、重庆、四川、云南、贵州、陕西、甘肃、宁夏。

综合样本城市的行政级别和所处区位，将 283 个地级及以上城市调整分为 6 组，其组别、级别和内含城市数量参见表 1。

表 1　样本城市的分组统计

组别	级别	城市数量
直辖市	正省级	4
计划单列市	副省级	5
省会城市	副省级	10
	地级	14
东部地区	地级	74
中部地区	地级	102
西部地区	地级	74

通常认为，在实行全口径预算管理前，地方政府的财政收入有三个核算口径：（1）小口径收入，即税收收入，主要指央地共享税和地方税；（2）中口径收入，即财政收入，主要指税收收入和非税收入；（3）大口径收入，即财政总收入，相较于中口径收入还包含上级转移支付收入。而新《预算法》要求实

---

①　财政部各文件通知单位中计划单列市与省级单位并列："各省、自治区、直辖市、计划单列市财政厅（局）……" http：//www. mof. gov. cn/was5/web/czb/wassearch. jsp。

②　参见国家统计局有关经济地带划分的界定 http：//www. stats. gov. cn/tjzs/cjwtjd/201308/t20130829_ 74318. html。

③　财政部《关于明确东中西部地区划分的意见》（财办预［2005］5 号），http：//www. wai-zi. org. cn/law/13382. html。

④　笔者曾就东部、中部、西部、东北地区的区划方法做过研究并将副省级省会城市单列进行分析，并未发现副省级省会城市与地级省会城市的显著差异性，如有需要，请向笔者索取结果。此外，海南省仅有海口一个城市，划入省会城市组，不再参与区域划分。

行全口径预算管理后，地方政府的小口径收入仍为税收收入，中口径收入主要包括税收收入和非税收入的一般公共预算收入，大口径收入包含一般公共预算收入、政府性基金收入、国有资本经营预算收入和社会保险基金预算收入。

虽然一般公共预算收入低于地方政府的财政总收入，但其作为财政收入的代理变量是可以接受的，主要因为：（1）一般公共预算收入占地方财政收入的绝对多数，是财政收入的主要组成部分；（2）一般公共预算收入管理的规范水平较高，且相较于其他三本账目，其收入来源具有确定性。

根据财政部公布的《2017 年政府收支分类科目》[①]，政府的一般公共预算收入科目分类如表 2 所示。

表 2　一般公共预算收入科目

收入类	收入款
	增值税
	消费税
	营业税
	企业所得税
	个人所得税
	资源税
	城市维护建设税
	房产税
	印花税
税收收入（19）	城镇土地使用税
	土地增值税
	车船税
	船舶吨税
	车辆购置税
	关税
	耕地占用税
	契税
	烟叶税
	其他税收收入

---

① 详见财政部网站 http：//yss. mof. gov. cn/zaixianfuwuyss/xiazaizhongxin/201609/t20160921_2423776. html。

收入类	收入款
非税收入（8）	专项收入
	行政事业性收费收入
	罚没收入
	国有资本经营收入
	国有资源（资产）有偿使用收入
	捐赠收入
	政府住房基金收入
	其他收入
债务收入（2）	中央政府债务收入
	地方政府债务收入
转移性收入（8）	返还性收入
	一般性转移支付收入
	专项转移支付收入
	上解收入
	上年结余收入
	调入资金
	债务转贷收入
	接受其他地区援助收入

在衡量地方政府的财政能力时，有两个维度可以选择：一是"自有财力"，即地方政府基于自身能力汲取的财富，主要包括税收收入和非税收收入；二是"可支配财力"，又称"整体财力"，即地方政府有权支配和调动的全部财政资源，除税收收入和非税收收入外还包括净转移支付等。地方政府的自有财力来源稳定，而且是公认的政府履行支出责任时较为有效的融资方式；同时，一般公共预算收入中税收和非税收的收入款，多与其税收收入和非税收收入高度相关，比如根据有关文件①，中央财政税收返还通常与一般预算收入成正比，地市体制上解、税收返还、补助等收支也具有类似的特点。基于上述考虑，本文将重点分析地方政府的自给财力状况。

在收入数额的核算上，仅核算留存在地方政府的收入，剔除央地共享税中

---

① 参见《国务院关于实行分税制财政管理体制的决定》（国办发〔1993〕85 号）。

上划中央①和省级单位的部分②以及部分数据缺失过多的收入款③。营业税改增值税自 2013 年起进行行业性全国范围的试点④，故不单独对某一城市的收入产生影响，其可能对全部样本城市产生的影响详见后文分析部分；同时，对部分城市营业税改增值税的公布数额进行统一口径的调整⑤。

根据《2015 年中国城市统计年鉴》的附录中对主要统计指标的解释，可以发现，现行的以"地级市"为级别的行政区划统计数据指的是"报告期内经民政部门批准，本市所管辖的行政区域内所有的区、县（旗）、县级市"。为保证与国民经济统计数据的行政区域一致，剔除统计口径不同所造成的偏误，在收集地级及以上城市的一般公共预算收入时，采用全市而非市本级的数据。同时，因现行国民经济核算、工业统计、贸易统计人口和就业统计等，均为本年截至 12 月 31 日的统计数据，故而在采集财政数据时，选取"地方一般公共预算收入的执行情况"（部分地级及以上城市政府在报表中称为"完成数""决算数"，部分未公布的地级市采用"执行情况的快报数"）。

在采集数据时，首先考虑各直辖市、省及自治区的统计年鉴，随后为各市的统计年鉴和财政局发布的政府预决算公开报告⑥，对《2017 年政府收支分类科目》进行调整，最终确定整理表 3 中的收入款数据。

表3　地方一般公共预算收入主要收入款

收入类	收入款
税收收入 （15）	增值税
	营业税
	企业所得税
	个人所得税
	资源税
	城市维护建设税
	房产税

---

① 上划中央 75% 的增值税、100% 的消费税、60% 的企业所得税、60% 的个人所得税，车辆购置税、船舶吨税、关税为中央收入科目。

② 各个省、自治区的具体要求不一，一般要求各市上划 8%～10% 的增值税和 10% 的营业税（"营改增"后合计约为 40%），10% 的企业所得税，15% 的个人所得税收入。

③ 绝大多数市级政府未公布非税收入中的捐赠收入和政府住房基金收入。

④ 2012 年，"营改增"先后在上海市、北京市、江苏省、安徽省、福建省、广东省、天津市、浙江省、湖北省试行。2013 年国家税务总局发布《关于在全国开展营业税改征增值税试点有关征收管理问题的公告》（国家税务总局公告 2013 年第 39 号），对交通运输业和部分现代服务业试行"营改增"。

⑤ 绝大多数地级及以上城市公布的增值税已包含"营改增"部分的数额，部分城市单独公布了"改征增值税"收入款，对于这部分统一将其加入增值税收入中。

⑥ 一般其名称为《关于××市××××年财政预算执行情况和××××年财政预算草案的报告》，提交本市人大审阅。

收入类	收入款
税收收入 （15）	印花税
	城镇土地使用税
	土地增值税
	车船税
	耕地占用税
	契税
	烟叶税
	其他税收收入
非税收收入 （6）	专项收入
	行政事业性收费收入
	罚没收入
	国有资本经营收入
	国有资源（资产）有偿使用收入
	其他收入

3.2 研究方法

本文使用面板数据进行回归分析，使用的计量工具为 Stata 14，具体可用如下公式表示：

$$Y_{it} = \alpha_0 + \alpha_1 \ln GDP_{it} + \alpha_2 \ln dustry_{it} + \alpha_3 \ln Openness_{it} + \alpha_4 Urbanization_{it}$$
$$+ \alpha_5 Population \ln flow_{it} + \alpha_6 Population \ln flow_{it}^2 + \beta_1 R_1 + \beta_2 \qquad (1)$$
$$+ \beta_3 R_3 + \beta_4 R_{41} + \beta_5 R_{42}$$

式（1）中下标 i 代表 283 个不同城市，下标 t 代表不同的年份。其中，$\ln GDP_{it}$ 代表第 i 个城市在第 t 年的人均 GDP 水平；$\ln dustry_{it}$ 代表第 i 个城市在第 t 年的产业结构，用第二产业与第三产业的比值来表示；$\ln Openness_{it}$ 代表第 i 个城市在第 t 年的经济开放度，用进出口额与 GDP 之比的对数表示；$Urbanization_{it}$ 代表第 i 个城市在第 t 年的城市规模，用城镇化率来表示；人口规模方面，$Population \ln flow_{it}$ 代表第 i 个城市在第 t 年的人口净流入，即常住人口与户籍人口之比，$Population Inflow_{it}^2$ 为 $Population Inflow_{it}$ 的二次方项；α_0 为常数项。

R_1 至 R_{42} 代表地区的虚拟变量，以西部地区（R_{43}）作为参照组，属于该组别则为 1，不属于则为 0。R_1 至 R_{42} 依次为直辖市、计划单列市、省会城市、东部地区、中部地区，地区虚拟变量编码参见表 4。

表4　地区虚拟变量的编码

组别	R_1	R_2	R_3	R_{41}	R_{42}
直辖市	1	0	0	0	0
计划单列市	0	1	0	0	0
省会城市	0	0	1	0	0
东部地区	0	0	0	1	0
中部地区	0	0	0	0	1

　　本文的自变量分为经济因素和城市规模。经济因素由人均 GDP、第二产业与第三产业之比和进出口金额与 GDP 之比组成；城市规模由城镇化率（部分城镇化率数据缺失的城市，计算非农人口的比例[①]补充完整）和人口规模（由人口净流入表示，即常住人口与户籍人口之比）组成。自变量的数据全部来自各省、市的统计年鉴，部分缺失值通过各市统计局公布的年度国民经济统计公报补充完整。

　　根据一般公共预算收入中税收收入类和非税收收入类下的各收入款[②]，本文的因变量共有 12 个，全部采用收入的相对规模，即人均规模，分别为：一般公共预算收入、税收收入、增值税收入、营业税收入、企业所得税收入、个人所得税收入、其他税收入、非税收收入、行政事业性收费、罚没收入、专项收入、其他收入。

4　实证结果与分析

　　从经济因素来看，人均 GDP 的平均值为 10.65，最小值为 9.117，最大值为 12.24，其标准差为 0.547。在经济结构方面，第二产业与第三产业的比值落在 0.250 至 4.938，平均值为 1.375，其标准差为 0.549；而经济开放度在取对数之后则落在 -3.912 至 8.218，平均值为 4.711，标准差为 1.501。从城市规模来看，城镇化率水平介于 0.42% 至 100%，平均值为 53.1%。而人口净流入则介于 0.12 至 5.05，平均值为 0.997；相对应地，其二次方的值介于 0.01 至 25.45，平均值为 1.149。

---

　　①　非农业户籍人口/（非农业户籍人口＋农业户籍人口）。
　　②　在 2006 年《财政部关于进一步推动地方财政部门政务公开的意见》和 2007 年《中华人民共和国政府信息公开条例》的要求下，地级及以上城市政府的财政信息公开程度不断提高，至 2013 年各项数据较为完善。考虑到数据完整性和可得性，本文选取 2013 年至 2015 年的财政数据进行分析。

　　就因变量来说，依照前述处理方法对原始数据进行处理后，一般公共预算收入的人均规模落在 6.349 至 10.27，其平均值和标准差分别为 8.074 和 0.760；税收收入的人均规模介于 6.054 至 9.944，其平均值和标准差分别为 7.762 和 0.764；非税收入的人均规模落在 5.138 和 8.862，其平均值和标准差分别为 6.803 和 0.661。城市区位和层级为虚拟变量，其统计特征并无特殊含义，其余全部变量的基本统计特征参见表5。

表5　各变量的基本统计特征

变量层次	变量名	样本量	平均值	标准差	最小值	最大值
一般公共预算收入①	一般公共预算收入（log）	849	8.074	0.760	6.349	10.27
税收收入②	税收收入（log）	849	7.762	0.764	6.054	9.944
	增值税收入（log）	801	5.800	0.906	2.922	8.341
	营业税收入（log）	804	6.446	0.809	4.567	8.702
	企业所得税收入（log）	804	5.343	0.998	2.408	8.460
	个人所得税收入（log）	750	4.200	1.085	1.982	7.697
	其他税收收入（log）	651	6.114	0.850	2.470	8.787
非税收收入	非税收入（log）	849	6.803	0.661	5.138	8.862
	行政事业性收费（log）	560	5.430	0.801	1.206	7.389
	罚没收入（log）	461	4.657	0.535	2.661	6.012
	专项收入（log）	579	5.026	0.862	0.0862	7.225
	其他收入（log）	444	3.759	1.683	-1.966	7.263
经济因素	人均 GDP	849	10.65	0.547	9.117	12.24
	第二产业与第三产业之比	846	1.375	0.549	0.250	4.938
	经济开放度（log）	849	4.711	1.501	-3.912	8.218
城市规模	城镇化率	849	0.531	0.146	0.00420	1
	人口净流入	848	0.997	0.395	0.120	5.050
	人口净流入的二次方	848	1.149	1.716	0.01000	25.45

----

① 此处收入规模为人均规模。
② 此处收入规模及内部各收入款的规模为人均规模。

4.1 面板回归结果与分析

首先对一般公共预算收入的人均规模、税收收入的人均规模和非税收收入的人均规模进行面板回归分析，结合 Hausman 随机性检验结果及回归结果可知，采用随机面板估计要优于固定面板估计，故而后文将详细分析随机效应模型，不再对固定效应模型进行讨论。

经济发展水平对一般公共预算收入、税收收入和非税收收入均具有显著影响（$p < 0.001$）。这一点也与预期相一致，即经济发展能够对收入产生正向的促进作用，经济的稳定发展和规模的逐步扩大，能够为地区的收入带来广泛充分的税源。就经济结构来看，第二产业与第三产业之比对一般公共预算收入和非税收收入均产生了一定程度的负向影响，但对税收收入却会产生较为显著的正向影响。具体来看，第二产业占比越大，或者说第三产业占比越小，对一般公共预算收入会产生一定程度的负向作用，对非税收收入也会产生一定程度的负向作用，而对税收收入却能够产生正向促进作用。经济开放度对一般公共预算收入能够起到正向促进作用，这一促进作用可能是通过其对税收收入的显著促进作用实现的（$p < 0.001$），说明经济开放度越高，政府的税收收入越大。其可能的原因是，经济开放通过提高资源配置效率、促进竞争、技术进步及规模生产等，成为驱动各地经济增长的重要动力，增强了企业和个人等经济主体的创税能力。而经济开放度对非税收收入却呈现出负相关，但并不显著。

在城市规模层面，城市的城镇化水平能够显著促进一般公共预算收入（$p < 0.001$），这一作用很可能主要是通过促进税收收入产生的。从表6税收收入和非税收收入的结果来看，城镇化水平与税收收入呈现正相关，政府作为城市化的重要推动力量，享受了城镇化带来的收入增长福利；而对非税收收入虽然也呈现正相关，但并不显著。人口净流入对一般公共预算收入和税收收入并未呈现出显著影响，而对非税收收入的影响十分显著，且呈现出先下降后上升的趋势。经过计算，其对称轴为 2.59，即当人口净流入值低于 2.59 时，人口净流入会对非税收收入产生负向影响，只有当人口净流入大于 2.59 时，人口净流入才会对非税收收入产生正向作用。

从区位层级来看，以西部地区作为参照，在一般公共预算收入中直辖市显著高于西部地区（$p < 0.001$），计划单列市和省会城市也具有一定程度的优势；而税收收入中直辖市、计划单列市、省会城市、东部地区均显著高于西部地区（$p < 0.001$），中部地区也有较明显的优势，且系数依次递减。在非税收收入中，东部地区显著低于西部地区（$p < 0.001$），直辖市和中部地区系数为正，计划单列市和省会城市系数为负，但并不显著。对一般公共预算收入、税收收入和非税收收入的回归结果详见表6。

表6　一般公共预算收入、税收收入和非税收收入的影响因素

编号		(1)	(2)	(8)
自变量	因变量①	一般公共预算收入	税收收入	非税收收入
经济因素	人均 GDP	0.927 ***	0.785 ***	0.928 ***
		(0.0738)	(0.0734)	(0.0792)
	第二产业与第三产业之比	− 0.0629 *	0.0444 **	− 0.0558
		(0.0329)	(0.0222)	(0.0382)
	经济开放度	0.0270	0.0520 ***	− 0.00106
		(0.0167)	(0.0124)	(0.0198)
城市规模	城镇化率	0.735 ***	0.454 *	0.481
		(0.266)	(0.248)	(0.305)
	人口净流入	0.275	− 0.345	− 1.145 ***
		(0.181)	(0.232)	(0.275)
	人口净流入的二次方	− 0.0587 *	0.0408	0.221 ***
		(0.0306)	(0.0429)	(0.0531)
区位层级	直辖市	0.541 ***	1.126 ***	0.158
		(0.0970)	(0.215)	(0.336)
	计划单列市	0.216 *	0.865 ***	− 0.0744
		(0.114)	(0.156)	(0.246)
	省会城市	0.160 *	0.554 ***	− 0.141
		(0.0868)	(0.0876)	(0.117)
	东部地区	0.0853	0.281 ***	− 0.249 ***
		(0.0662)	(0.0719)	(0.0821)
	中部地区	0.0506	0.128 **	0.0481
		(0.0499)	(0.0565)	(0.0636)
常数项		− 2.501 ***	− 1.051	− 2.307 ***
		(0.644)	(0.687)	(0.722)
R – squared (overall)		0.7981	0.7802	0.4975
观察值		846	846	846
城市数量		282	282	282
随机效应		YES	YES	YES

注：括号中为稳健标准误差，＊＊＊ p < 0.01，＊＊ p < 0.05，＊ p < 0.1。

————————————

① 其中，被解释变量中的所有收入均为人均收入规模。

  对税收收入内部的主体收入款分别进行面板回归分析后,结合 Hausman 随机性检验结果及回归结果可知,采用随机面板估计要优于固定面板估计,故而后文将详细分析随机效应模型,不再对固定效应模型进行讨论。

  从经济发展水平来看,人均 GDP 不仅对税收收入能够产生显著的正向促进作用,而且对增值税收入、营业税收入、企业所得税收入、个人所得税收入和其他税收收入均能够产生十分显著的正向促进作用($p < 0.001$)。经济基础雄厚的表现之一即较高的人均 GDP 水平,这为政府奠定了财源的总量与结构,同时决定着税源的丰富程度。而经济发展水平较低地区由于人均经济量过小,则每个人所创造的经济财富较少、财源基础薄弱,反映到政府的收入上,则是缺乏骨干财源且增长动力不足,即包括一般公共预算收入的人均规模在内的各类收入较低。

  产业结构对政府收入的影响相对于经济发展水平来看更加复杂。虽然第二产业与第三产业之比对一般公共预算收入具有轻微抑制的作用,但却能够对税收收入产生一定程度的正向促进作用,这一促进作用可能是通过显著扩大营业税收入($p < 0.001$)和较为明显地扩大企业所得税实现的。之所以对营业税产生显著作用而非增值税,其中一个原因可能是增值税为央地共享税种,大部分需上缴中央(75%),对部分地市来说,还要划出一部分至省级政府(8%),能够留存本地的数额十分有限;而营业税收入大部分能够留存在本地[①],故而能够起到更大作用。依据国家统计局的国民经济行业分类[②]和国务院发布的《中华人民共和国营业税暂行条例》[③]可知,第二产业中包含建筑业,而建筑业依例需缴纳 3% 的营业税。已有研究认为,在经济转型和产业结构调整的时代,第二产业中的工业部分多为落后产业,受产业基础和技术水平的限制,其附加值较低,能够为地方贡献的税收十分有限。但由表 7 的回归结果可知,第二产业中的建筑业很有可能逆势增长,为地方的营业税收入做出极大的贡献。同时,由于采用的为第二产业与第三产业之比,其结果也可以反向解释为第三产业对营业税和企业所得税具有抑制作用。虽然依据产业结构调整方向来看,第三产业理应成为营业税和企业所得税的主力,但在实际执行中由于征缴困难、偷税漏税等问题的存在,导致了本应为地方政府公共收入做出贡献的第三产业未能真正发挥其作用。这也与部分学者研究发现的省以下政府的工业化程度趋向于提高其增值税分成比例、降低营业税分成比例较类似。

  经济开放对政府的一般公共预算收入具有促进作用,对税收收入产生了显著的正向促进作用。从结果中来看,这一作用主要是通过显著扩大增值税和企

---

  ① 中国铁路总公司、各银行总行、各保险总公司集中缴纳的部分归中央政府,部分省要求上划 40% 至省级政府,市级政府基本留存 60% 左右。

  ② 国民经济行业分类(GB/T 4754 - 2011),http://www.stats.gov.cn/tjsj/tjbz/hyflbz/。

  ③ 中华人民共和国国务院令第 540 号,http://www.gov.cn/zhengce/content/2008 - 11/14/content_ 1792.htm。

业所得税来实现的（$p < 0.001$），同时较为显著地提高了营业税收入和个人所得税收入。外资和对外贸易的发展能够提振经济发展水平、增强经济活力，从而增加了经济产出，进而使税基扩大并增加税收收入。在这个过程中，以企业为主要课税对象的增值税收入、营业税收入和企业所得税收入均得到正向提升；同时，对外贸易的活跃扩大了就业，使劳动者的收入增加，增强了个体的创税能力。

在城市规模层面，虽然城镇化率对税收收入的正向促进作用较为有限，但在细分种类的税收收入中，城镇化水平的回归结果显示其能够显著促进增值税收入和个人所得税收入（$p < 0.001$）。根据国务院发布的《中华人民共和国增值税暂行条例》①可知，增值税主要对销售商品和提供劳动服务而实现的增值额征收，随着城镇化率的提高，产业不断在城市集聚，进而出现规模经济，增加了商品和劳务的流转；同时，提高了劳动生产率从而促使个人所得税收入进一步提高。而人口规模在税收收入内部各收入款中，并未对其中单一收入款产生十分显著的促进作用。

从城市区位和层级方面来看，直辖市、省会城市和东部地区的增值税收入、营业税收入、企业所得税收入、个人所得税收入和其他税收收入均显著高于西部地区（$p < 0.001$），这也使其税收收入明显高于西部地区的税收收入。计划单列市的增值税收入的优势不十分明显，中部地区的其他税收收入的优势并不明显，这两个地区其余税收收入款均明显优于西部地区（$p < 0.001$）。由此可知，不同区位和层级政府的税收收入明显不同，以直辖市为例，直辖市的一般公共预算收入、税收收入及其内部各款的收入均显著优于西部地区，且系数相较于其他地区均居于第一位。直辖市作为经济发展水平较高地区的代表，其组织收入的基础和能力优于其他地区，征管效率较高；此外，直辖市政府基本无须通过税收优惠政策的竞争吸引企业进驻，其本身作为企业跨区经营的总部和各类产品的重要提供者，又汇集了其他地区的部分税收收入，故而使各类税收收入均显著高于其他地区。同时，直辖市政府履行的职能以社会管理职能为主，经济建设的发展冲动较弱，故而其诉诸额外收收入的动力较小，且因为基本能够实现财力自足，扩张非税收收入的动力也较小。

对税收收入内部各收入款的回归结果详见表7。

---

① 中华人民共和国国务院令第 538 号，http://www.gov.cn/flfg/2008 – 11/14/content_1149549. htm。

表 7 税收收入内部各收入款的影响因素

自变量		因变量①					
		(2) 税收收入	(3) 增值税收入	(4) 营业税收入	(5) 企业所得税收入	(6) 个人所得税收入	(7) 其他税收入
经济因素	人均 GDP	0.785***	0.770***	0.634***	0.820***	0.759***	0.219***
		(0.0734)	(0.110)	(0.0752)	(0.105)	(0.0972)	(0.0822)
	第二产业与第三产业之比	0.0444**	-0.00379	0.0860***	0.0859*	-0.0114	0.00159
		(0.0222)	(0.0255)	(0.0233)	(0.0341)	(0.0309)	(0.0547)
	经济开放度	0.0520***	0.0788***	0.0352**	0.107***	0.0329*	0.0418
		(0.0124)	(0.0224)	(0.0139)	(0.0192)	(0.0189)	(0.0330)
城市规模	城镇化率	0.454*	0.846***	0.0480	0.384	1.378***	-0.351
		(0.248)	(0.327)	(0.234)	(0.399)	(0.390)	(0.429)
	人口净流入	-0.345	0.0457	-0.0626	-0.646*	-0.899**	-0.314
		(0.232)	(0.264)	(0.289)	(0.352)	(0.392)	(0.330)
	人口净流入的二次方	0.0408	0.00263	-0.0483	0.106	0.144*	0.0298
		(0.0429)	(0.0519)	(0.0504)	(0.0667)	(0.0776)	(0.0624)

① 其中, 被解释变量中的所有收入均为人均收入规模。

续表

自变量	编号 因变量	(2) 税收收入	(3) 增值税收入	(4) 营业税收入	(5) 企业所得税收入	(6) 个人所得税收入	(7) 其他税收收入
	直辖市	1.126*** (0.215)	0.962*** (0.264)	1.586*** (0.215)	1.916*** (0.384)	2.048*** (0.459)	1.578*** (0.260)
	计划单列市	0.865*** (0.156)	0.394* (0.213)	1.450*** (0.210)	1.614*** (0.217)	1.778*** (0.258)	1.418*** (0.311)
	省会城市	0.554*** (0.0876)	0.393*** (0.120)	1.010*** (0.110)	1.050*** (0.120)	1.180*** (0.136)	0.836*** (0.215)
区位层级	东部地区	0.281*** (0.0719)	0.394*** (0.0907)	0.446*** (0.0978)	0.495*** (0.0854)	0.628*** (0.102)	0.502*** (0.172)
	中部地区	0.128** (0.0565)	0.247*** (0.0909)	0.283*** (0.0693)	0.328*** (0.0740)	0.255*** (0.0752)	0.198 (0.163)
	常数项	-1.051 (0.687)	-3.530*** (1.044)	-0.858 (0.715)	-4.099*** (0.980)	-4.477*** (0.936)	3.665*** (0.797)
R-squared (overall)		0.7802	0.6708	0.6523	0.7370	0.7486	0.2155
观察值		846	801	804	804	750	648
城市数量		282	267	268	268	250	216
随机效应		YES	YES	YES	YES	YES	YES

注: 括号中为稳健标准误差, *** $p<0.01$, ** $p<0.05$, * $p<0.1$。

对非税收入内部的主要收入款进行面板回归分析后，结合 Hausman 随机性检验结果及回归结果发现，采用随机面板估计依然优于固定面板估计，故而后文将详细分析随机效应模型，不再对固定效应模型进行讨论。

从经济发展水平来看，人均 GDP 继续对非税收入内部包括行政事业性收费、罚没收入、专项收入、其他收入在内的所有收入款均产生显著的正向促进作用（$p < 0.001$）。

在经济结构层面，第二产业与第三产业之比与专项收入呈明显的负相关关系（$p < 0.001$）；罚没收入系数为负，行政事业性收费、其他收入系数为正，但在结果中不显著。第二产业之所以对非税收收入、尤其是专项收入产生抑制作用，可能是因为随着 2014 年新《预算法》①的出台，中央不断清理规范税收优惠政策，使地方政府实际获得的税收减免权进一步缩小，然而后者在非税收收入领域仍然具有较大的自主权限。在地区间竞争关系的作用下，地方政府便转而通过非正常收入手段，通过减免费用来吸引企业进驻，尤其是第二产业中缺乏区位特质的制造业等产业；同时，专项收入中的排污费收入、水资源费收入等均与第二产业密切相关，地方政府很可能通过减免这些费用收入以期在竞争中胜出。

经济开放度与行政事业性收费、罚没收入、其他收入呈正相关，与专项收入呈一定的负相关关系。

在城市规模层面，城镇化水平虽然与非税收收入并无显著正相关关系，但对非税收收入进行细分后可以发现，其对专项收入具有明显的促进作用（$p < 0.001$）。由此可见，中国各城市规模的扩张能够为政府带来明显的收入红利，在非税收入类中主要是通过扩大专项收入来实现的。城镇化水平提高的一个直接影响是建设用地的迅速增长和土地出让收益的攀升，很多城市的土地出让收入一度超越了税收收入。依据《2017 年政府收支分类科目》，非税收入类下的专项收入款中央地共享和留存地方的主要项中，教育资金收入、农田水利建设资金收入均从土地出让收益中提取；而城市扩张带来的外向型工业发展往往能够扩大排污费收入和水资源费收入的基础，同时其对部分林田的占用也会相应地增加育林基金收入和森林植被恢复费的收入。故而政府在通过提高城镇化水平来扩大城市规模时，推高了非税收收入类中的专项收入款。

人口规模并没有在税收收入的回归结果中对各类税收收入产生显著的影响；这也侧面说明了人口净流入并未对政府的稳定收入做出很大贡献，而是较多地影响了非税收入。其对非税收入的影响是通过行政事业性收费、专项收入的先下降后上升实现的，对二者的影响均较为显著（$p < 0.001$），其对称轴分别为 2.518 和 2.935。即当人口净流入分别小于 2.518 和 2.935 时，其对行政事业性收费和专项收入会产生一定程度的负向作用；当人口净流入继续增加

① 新《预算法》规定：税收优惠政策统一由专门税收法律法规规定，清理规范税收优惠政策。

时，很可能开始对此两款收入产生正向影响。这可能是因为在人口流入初期，涌入人口并不能扩大行政事业性收费和专项收入；然而当其规模不断扩大时，很有可能增加了这两项非税收收入的基数，进而对收入产生扩大作用。

从城市区位和层级来看，直辖市的行政事业性收费显著高于西部地区（$p < 0.001$）；计划单列市和省会城市的行政事业性收费和罚没收入较西部地区的优势略显著；东部地区和中部地区的罚没收入则显著高于西部地区（$p < 0.001$），此外中部地区的行政事业性收费也显著高于西部地区（$p < 0.001$）。直辖市的行政事业性收费明显高于西部地区，同时系数也高于其余地区的一个可能的解释是直辖市政府并未主动扩张和增设非税收收入科目，由于其较高的经济规模、合理的经济结构和聚集的政府部门自然形成了高规模的行政事业性收费收入。如中直管理局、银监会、证监会、保监会等单位的行政事业性收费收入项下的各科目收入仅在北京取得；同时，直辖市的经济参与主体众多、参与主体的层次水平较高均可能对文化、外交及外文局、教育、司法、公安、科技、知识产权、工商、卫生、食品药品监管、人力资源和社会保障行政事业性收费收入等收入项产生促进作用。而计划单列市作为与直辖市同样仅与中央进行税收分成的城市，其整体经济发展水平和税收收入能力稍逊于直辖市，且不具备类似直辖市的行政事业性收费的天然优势，故而可能导致其政府的罚没收入更为显著，东部地区的罚没收入较为显著可能也遵循了这一解释。

综合来看，在非税收收入方面，具有显著优势的地区多集中于行政事业性收费和罚没收入。通过前述分析可以发现，部分地区是由于经济发展水平、人口规模和特殊因素形成的被动收入，而有些地区则可能是由政府主动选择而产生的非税收收入扩张。

对非税收收入内部各收入款的回归结果详见表8。

表8　非税收收入内部各收入款的影响因素

| 自变量 | 编号 | (8) 非税收收入 | (9) 行政事业性收费 | (10) 罚没收入 | (11) 专项收入 | (12) 其他收入 |
	因变量①					
经济因素	人均 GDP	0.928 *** (0.0792)	0.407 *** (0.115)	0.348 *** (0.127)	0.906 *** (0.119)	1.042 *** (0.248)
	第二产业与第三产业之比	−0.0558 (0.0382)	0.0464 (0.0439)	−0.00305 (0.0585)	−0.199 *** (0.0660)	0.108 (0.141)
	经济开放度	−0.00106 (0.0198)	0.0471 * (0.0284)	0.0337 (0.0253)	−0.0319 (0.0403)	0.0192 (0.0681)

① 其中，被解释变量中的所有收入均为人均收入规模。

续表

编号		（8）	（9）	（10）	（11）	（12）
自变量	因变量	非税收入	行政事业性收费	罚没收入	专项收入	其他收入
城市规模	城镇化率	0.481	0.0932	0.444	1.686 ***	− 0.294
		(0.305)	(0.528)	(0.506)	(0.468)	(0.896)
	人口净流入	− 1.145 ***	− 1.143 ***	− 0.225	− 0.904 ***	− 1.027
		(0.275)	(0.267)	(0.261)	(0.318)	(0.945)
	人口净流入的二次方	0.221 ***	0.227 ***	0.0304	0.154 ***	0.320 *
		(0.0531)	(0.0563)	(0.0447)	(0.0584)	(0.185)
区位层级	直辖市	0.158	1.254 ***	0.265	0.308	0.587
		(0.336)	(0.407)	(0.197)	(0.233)	(0.791)
	计划单列市	− 0.0744	0.543 *	0.503 **	0.0631	0.0870
		(0.246)	(0.288)	(0.238)	(0.289)	(0.600)
	省会城市	− 0.141	0.406 *	0.299 *	− 0.111	− 0.448
		(0.117)	(0.239)	(0.168)	(0.221)	(0.502)
	东部地区	− 0.249 ***	0.112	0.374 ***	− 0.0836	− 0.274
		(0.0821)	(0.173)	(0.138)	(0.197)	(0.369)
	中部地区	0.0481	0.361 ***	0.407 ***	− 0.0335	− 0.422
		(0.0636)	(0.138)	(0.131)	(0.193)	(0.370)
常数项		− 2.307 ***	1.350	0.352	− 4.425 ***	− 6.673 ***
		(0.722)	(1.138)	(1.171)	(1.139)	(2.485)
R – squared（overall）		0.4975	0.1948	0.4391	0.4534	0.1060
观察值		846	560	461	579	444
城市数量		282	187	154	193	149
随机效应		YES	YES	YES	YES	YES

注：括号中为稳健标准误差，＊＊＊ $p < 0.01$，＊＊ $p < 0.05$，＊ $p < 0.1$。

4.2　收入的增长趋势①

通过回归分析可以发现，经济因素和城市规模对税收收入和非税收入内

———————————

① 在本部分中，由于要对政府收入规模的增长速度进行 t 检验和 Kruskal – Wallis 检验，直辖市、计划单列市和省会城市样本量较少而无法支撑检验，故而按照前文的分类方法将此三组城市纳入东部地区、中部地区和西部地区中进行分析。

部各收入款产生了不同程度和不同方向的影响；同时，不同城市所处的区位和层级也影响着税收收入和非税收收入及其内部各收入款。但是，不同地区政府的重点增收类、款仍较为模糊，故而在本部分中，将通过对样本城市税收收入和非税收收入相对规模的增长速度的分析，探究各地区政府收入的增长趋势。

采用全部样本城市税收收入和非税收收入的相对规模，计算其增长速度并对其进行统计后可以发现，从算术平均值来看，税收收入的增长速度和非税收收入的增长速度并不相同。具体来看税收收入的平均增长速度为5.28%，而非税收收入的平均增长速度达到11.25%，大致为税收收入的两倍。可以看出，地方政府在扩大税收收入的同时，不断地扩张非税收收入；并且从结果上来看，非税收收入的膨胀速度要高于税收收入的扩张速度。这一结果说明地方政府在收入十分有限的情况下，政府很难对税收收入形成稳定合理的预期，或者说在现行收入体制无法满足其资金需求，各地方政府将被迫寻求税收外的发展，反映到结果上即为非税收收入以快于税收收入的速度不断扩张。对全部样本城市税收收入增速与非税收收入增速的统计详见表9。

表9 全部样本城市税收收入增速与非税收收入增速

增长速度	算术平均值	标准差	最小值	最大值
税收收入	0.0528	0.128	−0.596	0.454
非税收收入	0.1125	0.218	−0.679	0.969

从地区间来看，虽然不同城市组间两类收入的增长速度各不相同，但非税收收入的增长速度均高于税收收入的增长速度。从算术平均值来看，西部地区税收收入的增长速度和非税收收入的增长速度（分别为6.10%和15.63%）均高于中部地区（分别为6.09%和8.90%），而中部地区税收收入的增长速度高于东部地区（3.27%），其非税收收入的增长速度与东部地区基本持平（9.97%）。同时，西部地区两类收入的增长速度接近东部地区的两倍，呈现出追赶趋势。

从标准离差率来看，东部地区内部两类收入的增速差异最大，其中一个可能的原因是东部地区虽然被认为是发展水平较高的地区，但从城市层面来看，同时存在着显著高于本区整体发展水平的城市和显著落后于本区整体发展水平的城市，故而造成了区域内部的巨大波动。而西部地区内部两类收入的增长速度差异最小，则可能是西部地区内部各城市间发展水平差距不大，相对较为均衡，故而减弱了其整体波动幅度。

表 10 分地区两类收入规模的增速差异

组别	税收收入的增长速度			非税收收入的增长速度			增长速度之比①
	算术平均值	标准差	标准离差率	算术平均值	标准差	标准离差率	
全部城市	0.0522	0.13	2.44	0.1125	0.22	1.94	2.156
东部地区	0.0327	0.15	4.57	0.0997	0.26	2.59	3.046
中部地区	0.0609	0.12	2.00	0.0890	0.20	2.27	1.460
西部地区	0.0610	0.11	1.75	0.1563	0.19	1.20	2.563

虽然从统计结果来看，税收收入的增长速度与非税收收入的增长速度并不相同，且各地区间存在差异，但仅依据此无法判断其差异是否显著，故仍需对样本城市税收收入的增长速度和非税收收入的增长速度进行显著性检验。考虑到各地区税收收入增速和非税收收入增速并不一定呈正态分布，故而在进行显著性检验时，不仅要进行常规的参数检验，还要对其进行非参数检验。

基于表11的t检验结果可以发现，全部样本城市的税收收入规模的增长速度与非税收收入规模的增长速度显著不同。

在税收收入的增长速度中，东部地区与中部地区、东部地区与西部地区的增长速度具有较为显著的差异；在非税收收入的增长速度中，东部地区与西部地区、中部地区与西部地区具有较为显著的差异。结合其收入增长速度的算术平均值可知，东部地区税收收入的增长速度（3.27%）显著低于中部地区（6.09%）和西部地区（6.10%）；同时，西部地区非税收收入的增长速度（15.63%）显著高于东部地区（9.97%）和中部地区（8.90%），其非税收收入呈现加速扩张的趋势。

表 11 T – statistics Test（t 检验）

组别		税收收入增速		非税收收入增速		税收收入增速与非税收收入增速	
		均值	P 值	均值	P 值	均值	P 值
地区内部	全部城市	0.0522	—	0.1125	—	—	0.0000 ***
	东部地区	0.0327	—	0.0997	—	—	0.0000 ***
	中部地区	0.0609	—	0.0890	—	—	0.0499 **
	西部地区	0.0610	—	0.1563	—	—	0.0000 ***

---

① 非税收收入规模增长速度与税收收入规模增长速度之比。

续表

组别		税收收入增速		非税收收入增速		税收收入增速与非税收收入增速	
		均值	P 值	均值	P 值	均值	P 值
地区之间	东部与中部	—	0.0385 **	—	0.6457	—	—
	东部与西部	—	0.0452 **	—	0.0213 **	—	—
	中部与西部	—	0.9970	—	0.0009 ***	—	—

注：* * * $p < 0.01$，* * $p < 0.05$，* $p < 0.1$。

Kruskal – Wallis（KW）是一种非参数检验的单因子方差分析方法，其基本思想是：首先，将各组样本数值按照升序排列，并求出每个观察值的秩；然后，对各组样本的秩分别求平均数。如果各组样本的平均秩相差很小的话，说明多组样本之间不存在明显差异；如果各组样本的平均秩相差很大，则可以认为多组样本之间存在显著差异。本文采用 Kruskal – Wallis（KW）检验的方法对样本城市税收收入增速和非税收收入增速进行检验，具体假设如下：

检验同一地区税收增速与非税增速的差异，H_0：同一地区税收增速与非税增速的秩和统计量相等；H_1：同一地区税收增速与非税增速的秩和统计量不相等。

检验两地区间税收增速的差异，H_0：两地区间税收增速的秩和统计量相等；H_1：两地区间税收增速的秩和统计量不相等。

检验两地区间非税增速的差异，其假设与两地区间税收增速的差异类似。

基于表 12 的 KW 检验结果可以发现，西部地区与东部地区、西部地区与中部地区非税收收入增速差异存在显著，结合其收入增长速度的算术平均值可知，西部地区非税收收入的增长速度（15.63%）显著高于东部地区（9.97%）和中部地区（8.90%），其非税收收入呈现加速扩张的趋势。

表 12　Kruskal – Wallis Test（KW 秩和检验）

组别		税收收入增速		非税收收入增速		税收收入增速与非税收收入增速	
		平均秩	P 值	平均秩	P 值	平均秩	P 值
地区内部	全部城市	493.00	—	633.88	—	—	0.0001 ***
	东部地区	279.97	—	276.13	—	—	0.0001 ***
	中部地区	289.81	—	261.97	—	—	0.0062 ***
	西部地区	278.86	—	307.46	—	—	0.0001 ***
地区之间	东部与中部	—	0.5239	—	0.4105	—	—
	东部与西部	—	0.9179	—	0.0816 *	—	—
	中部与西部	—	0.5349	—	0.0054 ***	—	—

注：* * * $p < 0.01$，* * $p < 0.05$，* $p < 0.1$。

5 结论与建议

5.1 结论

本文致力于分析我国政府税费收入行为的影响因素。通过文献的梳理，本文确立了包括经济因素、城市规模和区位层级在内的三类主要影响因素；采用2013年至2015年共计283个地级及以上城市的财政公开数据，完成了对一般公共预算收入、税收收入及其内部各收入款（包括增值税收入、营业税收入、企业所得税收入、个人所得税收入、其他税收收入）和非税收入及其内部各收入款（包括行政事业性收费、罚没收入、专项收入、其他收入）的回归分析，发现三个维度的因素均对政府的财政收入构成影响；此外，扩张速度上非税收入的增长速度显著高于税收收入的增长速度。具体结论如下：

第一，人均GDP仍然对税收起到决定性作用。

经济基础雄厚的表现之一为较高的人均GDP水平，这为政府奠定了财源的总量与结构，同时决定着税源的丰富程度。而经济发展水平较低地区由于人均经济量过小，则每个人所创造的经济财富较少、财源基础薄弱，反映到政府的收入上，则是缺乏骨干财源且增长动力不足，即包括一般公共预算收入的人均规模在内的各类收入较低。

第二，在一定的经济水平下，第二产业与第三产业之比越高，税收收入越高，主要通过营业税和企业所得税发挥作用；非税收入越低，主要通过专项收入发挥作用。

第二产业中企业的规模往往较大，经营产生的利润更为丰厚，同时执行征税较为容易，所以贡献了更多的企业所得税；营业税的大部分能够留存本地而非像增值税一样上缴上级政府，故而对地方政府的税收收入发挥了更大影响。此外，可能由于政府针对第三产业开展的"减税"以促进产业结构优化升级的原因，目前，第三产业在地级市税收中未能发挥更重要的作用。这也从侧面说明了，通过税收制度改革鼓励第三产业发展的效果尚未显现出来，使税收在促进产业结构优化方面未能发挥出相应的作用。

同时，随着中央清理规范税收优惠政策，地方政府的税收减免权进一步缩小，但在非税收入领域仍具有较大的自主权限，故而地方政府在地区竞争关系的影响下，很可能通过减免非税收入中的专项收入（如排污费收入、水资源费收入等）以吸引企业进驻。这一结果也从侧面说明了中国地级市的第二产业占比普遍明显高于第三产业占比，第二产业仍然是地级市层面的支柱产业。

第三，较高的经济开放程度有利于提高税收收入中的增值税、营业税、企业所得税和个人所得税。

对外贸易能够增强本地的经济活力从而增加经济产出，进而扩大税基。在此过程中，以企业为主要课税对象的增值税、营业税和企业所得税收入均得到正向提升；同时，对外贸易的活跃扩大了就业，使劳动者的收入增加，增强了个体的创税能力。

对地级市本身来说，五大发展理念中"开放"理念对其税收能够起到的正向促进作用较为明显，尤其是中西部地区，在发展过程中应更加着力提高开放程度以更好地促进其本身的发展。

第四，城镇化率的提高能够提高税收收入中的增值税和个人所得税，同时提高非税收收入中的专项收入。

增值税主要对销售商品和提供劳动服务而产业的增值额为征收对象。城镇化率的提高能够促进产业聚集和规模经济，从而增加商品和劳务的流转，提高劳动生产率，反映到结果上即为增值税和个人所得税收入的提高。此外，中国各城市规模的扩张能够为政府带来明显的收入红利，在非税收收入类中主要是通过扩大专项收入来实现的。城镇化水平提高的一个直接影响是建设用地的迅速增长和土地出让收益的攀升，很多城市的土地出让收入一度超越了税收收入。非税收收入类下的专项收入款中央地共享和留存地方的主要项中，教育资金收入、农田水利建设资金收入均从土地出让收益中提取；而城市扩张带来的外向型工业发展往往能够扩大排污费收入和水资源费收入的基础，同时其对部分林田的占用也会相应地增加育林基金收入和森林植被恢复费的收入。故而政府在通过提高城镇化水平来扩大城市规模时，推高了非税收收入类中的专项收入款。

第五，全部城市、东部地区、中部地区和西部地区的非税收收入增长速度均显著高于税收收入增长速度。

全部城市非税收收入的增长速度大致为税收收入增长速度的 2 倍（东部地区约为 3 倍，中部地区约为 1.5 倍，西部地区约为 2 倍），且具有统计学意义上的显著性。这一结果说明了地方政府在上级政府的支出事权下放、税收收入不足以覆盖政府支出责任和应对考核指标的情况下，积极寻求执行上的空间，扩大自己所能支配财政资源的途径，进而选择扩大非税收收入以期弥补正税不足和财力缺口。

第六，西部地区税收收入和非税收收入的增速均显著高于东部地区税收收入和非税收收入的增速，西部地区的非税收收入增速显著高于东部地区和中部地区，东部地区税收收入和非税收收入增速的内部波动幅度较大。

由于组织收入的基础和能力较优、征管效率较高、无须通过税收优惠政策吸引企业、在税收背离中占据优势等原因，东部地区税收收入及其内部各收入款的收入规模达到较高水平，未产生飞跃式增长。西部地区非税收收入增速显著高于东部地区和中部地区，接近后两者的两倍，这也反映出前者由于税收财力不能满足其政府职能和发展要求，从而更多地诉诸非税收收入扩张的行为。

5.2 建议

在我国现行的财政体制下，因地方政府基本不具备税收立法权，非税收收入项目的设置需按规申请批准，故而仍需中央政府从宏观层面解决第二、第三产业中部分行业税负较重和收入分配不合理的现象。其一，合理设计各税种的税基和税率，确定与产业、行业相匹配的税负水平；其二，调整税收收入和非税收收入的内部各收入款，包括拓宽纳税范围、非税收收入改税收收入、开征新的税种等；其三，释放部分收入给予地方，以确保地方的收入能够承担其支出责任；其四，在考核指标的设定上，适当考虑不同地区发展水平的差异性，注意到经济发展水平较低的地区依靠其自身的资本积累难以达到过高过快的增长指标，避免其为完成任务和业绩式增长转而寻求非规范的财力拓展。

在自给财力不断下滑的趋势下，地方政府的重点在于其税费收入应当和本地经济发展水平相匹配，过高的税费收入虽然能够为公共事业的发展提供充足的资金，但"杀鸡取卵"式增收却会加重企业和个人负担；一味地减税降费短期内看似刺激了地方的发展，但缺少持续的资金来源将使公共服务等配套设施滞后从而对地方的发展起到负面作用，最终可能导致地方政府承担的负担不断加重，故而地方政府应当依据本地资源禀赋和现实情况制订合理的发展目标，尤其是合理把控税费收入，使其与本地发展形成有利的良性互动。此外，致力于经济结构和产业结构的多元化而非单一化，多范围、多层次构建本地经济链条，继续推进城镇化建设，着重通过城市聚集和竞争力提高的方式获取收益的同时注意关注人口规模的影响，从而拓宽优化税收来源、培养形成本地主体收入来源、抵御税收负担冲击，形成新型财源体系。

在非税收收入规模加速扩张的趋势下，从中央至地方均应遵循非税法定和公开透明两大原则，在执行上可将严格预算管理体制和提高财政公开透明程度作为重点工作内容。比如，借鉴西方政府管理的"透明财政新运动"，我国自2012年以来不断要求各级政府将财政收支阳光化，至2016年已基本探索形成可执行的操作规程，并将继续完善人大质询、监察审计和公众媒体监督机制。但非税收收的公开情况相较于税收收入不甚乐观，政府仍需促使非税收收入内部各收入款、项、目的每一笔资金的来源和使用去向都被置于阳光之下。

公共财政收入体系的合理构建是一个长期而艰巨的过程。在我国各级政府的不断努力和推动下，地方政府必能在拓展政府收入规模的同时优化收入内部结构，使其资金收入规模稳步提升、结构不断优化，走出自有财力不足的困境，从而在本地经济和社会发展中合理发挥政府职能，为社会发展提供更加完善的公共产品和公共服务，促进本地区长足稳定的发展。

参考文献

[1] 楼继伟. 中国公共财政 [M]. 北京：中国财政经济出版社，2009.

[2] 袁飞，陶然，徐志刚等. 财政集权过程中的转移支付和财政供养人口规模膨胀 [J]. 经济研究，2008（5）：70 - 80.

[3] 胡洪曙，郭传义. 中国式分权、纵向税收竞争与税收增长——基于均衡分析与动态面板数据的实证研究 [J]. 经济管理，2013（10）：1 - 14.

[4] 马兹晖. 中国地方财政收入与支出——面板数据因果性与协整研究 [J]. 管理世界，2008（3）：40 - 48，57，186 - 187.

[5] 贾康，梁季. 辨析分税制之争：配套改革取向下的全面审视 [J]. 财政研究，2013（12）：2 - 18.

[6] 中国经济增长前沿课题组，张平，刘霞辉. 城市化、财政扩张与经济增长 [J]. 经济研究，2011（11）：4 - 20.

[7] 高培勇. 中国税收持续高速增长之谜 [J]. 经济研究，2006（12）：13 - 23.

[8] 卢洪友. 非税财政收入研究 [J]. 经济研究，1998（6）：57 - 63.

[9] 王美桃. 我国财政收入超 GDP 增长的因素分解 [J]. 财政研究，2012（10）：47 - 51.

[10] 贾康，苏明，阎坤等. 我国财政收入高速增长的原因分析 [J]. 经济纵横，2008（6）：3 - 9.

[11] 王志刚. 地方财政收入与支出结构的多维度分析 [J]. 财政研究，2013（10）：54 - 59.

[12] 赵健. 优化财政收入结构问题研究 [J]. 财政研究，2008（5）：52 - 55.

[13] 杨灿明，詹新宇. 中国宏观税负政策偏向的经济波动效应 [J]. 中国社会科学，2016（4）：71 - 90，206 - 207.

[14] 王乔，席卫群. 基于国际比较的中国非税收入的现状与评价 [J]. 经济评论，2009（3）：47 - 52，60.

[15] 高淑娟，乔木，刘普. 美国联邦政府非税收入的范围及特点 [J]. 税务研究，2015（8）：109 - 113.

[16] 黄佩华，迪帕克. 中国：国家发展和地方财政 [M]. 北京：中信出版社，2003.

[17] 唐登山，吴宏. 税收增速大于 GDP 增速的产业结构分析 [J]. 数量经济技术经济研究，2008（10）：108 - 118.

[18] 吕冰洋，李峰. 中国税收超 GDP 增长之谜的实证解释 [J]. 财贸经济，2007（3）：29 - 36，128.

［19］刘怡，胡祖铨. 我国地方人均财政差异状况研究［J］. 财贸经济，2013（6）：12 – 21，11.

［20］王华，柳光强. 分级财政下财政收入增长与经济增长关系的实证分析［J］. 财政研究，2010（9）：48 – 51.

［21］蔡宏宇，黄陈武. 我国财政收入与 GDP 之间的匹配程度研究［J］. 统计与决策，2011（19）：74 – 76.

［22］纪跃芝，邓波，王继新. 影响财政收入增长的相关因素分析［J］. 统计与决策，2009（19）：110 – 112.

［23］张洪铭，张宗益. 重庆市财政收入与经济增长关系的实证研究［J］. 财政研究，2011（5）：50 – 52.

［24］刘寒波，龚莉，夏一丹. 中国县域财政能力差距分析［J］. 财政研究，2006（5）：58 – 62.

［25］王金秀."营改增"后地方财税体系重构的设想［J］. 税务研究，2014（4）：23 – 27.

［26］王金营，李庄园. 快速成长城市流动人口对财政支出规模影响研究——以宁波市为例［J］. 财政研究，2015（12）：82 – 89.

［27］刘德军. 人口变化对财政收入的影响——以山东为例［J］. 公共财政研究，2015（3）：32 – 44.

［28］刘文哲，杨东生，何翔舟等. 县（市）级财政收入的要素贡献分析［J］财政研究，2000（3）：46 – 51.

［29］童锦治，李星，王佳杰. 中国省级政府间财力差异现状、原因与对策研究——基于 2001—2010 年数据的测算［J］. 财政研究，2014（1）：32 – 36.

Understanding China's City – level Government Revenue

Li linye   Xu tao

Abstract   Fiscal revenue is an important basis for guaranteeing government' functions. The previous studies have shown that the municipal governments'sources of tax revenue in China is insufficient and non – tax revenue accounted for a higher proportion; this is caused by various factors. Most of those studies about fiscal fiscal revenue, tax revenue of non – tax revenue only. Thus, this study will expand sample selection to municipal level and focus on deconstruct its detailed internal subdivision, aiming to build a more detailed analysis of municipal governments'revenue structure and influential factors. The study uses the financial disclosure data of 283 municipal governments in China from 2013 to 2015 to complete descriptive statistical analysis and regression analysis of general revenue scale, tax revenue, non – tax revenue and their internal subdivision. The study also does t test and Kruskal – Wallis test of the growth rate of tax revenue and non – tax revenue.

Under the current fiscal system, the central government needs to design a reasonable income system and the municipal governments should choose different developmental strategy; both level of governments should pay more attention to non – tax revenue, especially its regulation and transparency. The municipal governments should not only expand the scale of government revenue, but also optimize the revenue's internal structure in order to improve its revenue scale steadily and structural – reasonably. Thus, they can play a more proper role in regional development process and give more contribution to rapid and stable development.

Key words municipal government fiscal revenue structure influential factors

中 国 金 融 学

China Journal of Finance

金融助力乡村振兴长效机制建设调研与思考

涂永红[①]　马九杰[②]

党的十九大提出了乡村振兴战略，精准脱贫被列为 2018 年经济工作三大攻坚任务之一。四川作为农业大省，在精准脱贫、乡村振兴战略中积极探索、先行先试，进行了很多开拓性的有益尝试，尤其在金融创新方面取得了不少值得研究和总结的成果。为深入了解四川在落实金融服务实体经济、发挥金融在精准扶贫与乡村振兴中关键作用的实践，找出存在的问题和短板，探索建立乡村振兴和精准脱贫的长效机制，2018 年 1 月 25 日至 2 月 2 日，四川省金融工作局与中国人民大学财政金融学院、农业与农村发展学院联合开展了为期十天的实地考察和调研，先后走访宜宾市兴文县、眉山市彭山区、邛崃市固驿镇、崇州市、彭州市等，进行实地参观并与当地政府金融机构座谈，同时与省级政府机构、全省普惠金融机构代表、全省农业企业典范分别举行了三场座谈会。本文力图通过一个个鲜活的典型案例，多层次、多视角、全方位透视和剖析金融助力乡村振兴的政策、机制、渠道、平台和信用评估创新，并针对长效机制建设的需要，提出思考和建议。

1　调研总体设计与基本情况

此次调研事先进行了充分的准备，通过搜索各种新闻报道，精心挑选调研地点。选择调研地点的依据是，四川在金融助力精准脱贫和乡村振兴领域大胆创新并取得一定成绩、其模式具有复制和推广价值的市县和乡镇。

调研内容包括三个重要方面，一是金融支持农业发展、脱贫的体制机制建设，二是服务"三农"的金融产品创新，三是乡村普惠金融基础设施建设。调研组注重梳理、总结四川在金融助力乡村振兴领域的创新实践和典型案例，找出短板和痛点，为建立因地制宜、服务精准脱贫和乡村振兴战略的金融支持长效机制建言献策。

---

①　涂永红，中国人民大学财政金融学院教授，国际货币研究所副所长，四川省金融工作局局长助理。

②　马九杰，中国人民大学农业与农村发展学院农村发展研究室主任，教授，农村经济与金融研究所常务副所长。

调研方式是实地考察与座谈会相结合，在每一个调研地点，首先考察若干典型的新型农业经营主体，了解他们获得金融支持的渠道、力度和方式；然后召开座谈会，听取当地政府主管部门、金融机构、新型农业经营主体代表的汇报和建议，调研组进一步提问，收集大量一手资料。

表 1　实地考察调研情况梳理

地点	考察点	调研内容
宜宾市 兴文县	共乐镇毛村（凉水湾）	移民搬迁、金融服务站、专项资金整合
	僰王山镇水泸坝	"旅游＋扶贫"、林权流转、富硒水稻
	僰王山镇永寿村	家庭农场、乌骨鸡产业
眉山市 东坡区	茂华食品有限公司	绿色循环经济、零食加工、养猪科研试验基地
眉山市 彭山区	凤鸣花谷	"两权"抵押贷款评估体系创新、分险机制
	农村产权流转中心	农村产权交易创新、市场化
成都 邛崃市	固驿镇黑石村	黑天鹅养殖、返乡大学生猕猴桃种植、全国售粮大户
	中国酒村	社会资金参与特色小镇建设
	邛窑	传统文化保护与经营
成都 崇州市	隆兴镇黎坝村粮食示范基地	"农业共营制"、资金与现代农业产业链的结合机制
	白头镇五星村	农贷通融资服务平台建设
	白头镇土而奇农场	农村产权抵押贷款创新试点
成都 彭州市	凤霞蔬菜产销专业合作社	农产品冷库、仓单质押贷款模式
	雨润国际农产品交易中心	蔬菜市场、水果市场、全国蔬菜价格指数采集和展示中心

2　金融支持精准扶贫和乡村振兴的创新尝试

2.1　深入开展农村产权抵押贷款试点

农村"两权"抵押贷款试点工作启动以来，四川省结合农村产权制度改革新要求和全省农业农村经济发展实际，加快推进农村产权确权颁证，多层次推进农村产权交易平台建设，取得了十足成效。

眉山市彭山区是四川省唯一同时获得农村承包土地的经营权和农民住房财产权抵押贷款试点授权的区县。承担改革试点任务以来，彭山区坚守 4 条底线（即土地公有性质不改变、耕地红线不突破、农民利益不受损、金融风险整体可控），创新探索了农村"两权"抵押贷款工作体系，累积发放"两权"抵押贷款 936 笔、金额 4.09 亿元。

针对社会各界对农村金融改革和制度创新的顾虑，彭山区建立了政府主导、政银企三方配合参与的"一加三"合作机制，保障试点顺利推进。针对农村金融创新难题，彭山区构建了产权交易体系、"行业专家 + 乡土人才"双线并行的产权评估体系、多层次风险分担体系、多渠道抵押物处置体系和开放的产品创新体系，顺利推动试点"破冰"。针对"两权"融资涉及环节多、人员广等问题，彭山区依托眉山市农村产权流转交易服务中心打造了"一站式"融资服务平台，引入了银行与业主对接的反向竞争机制，探索出一套借贷双方高效对接、业务办理方便快捷的贷款办理流程。

目前，彭山区形成了政府、公司、园区、银行、新型农业经营主体"五方联动"的农村"两权"抵押贷款机制，成功破解了农村融资难、融资贵等现实难题，盘活了农村资产，推进了农业农村现代化进程，加快了城镇化建设步伐，形成了独有的"彭山模式"，值得借鉴。

此外，成都农商银行已将农村集体建设用地使用权、农业设施、林地经营权、林木（果）权（非林地经济）等纳入了可抵押范围，极大地丰富了可抵押的农村产权范围，并探索将地面附着物纳入经营权一并抵押，以解决经营权价值低的问题。再者，在省信用联社的指导下，各试点机构积极探索"'两权'抵押 +"贷款模式，比如蓬溪联社创新推出"农村承包土地经营权抵押 + 林权"和"'两权' + 担保公司"的组合担保模式；创新"两权"抵押贷款产品，不断满足新兴农业经营主体的融资需求，比如西充农商银行结合当地特色农业开办了"百里香桃产业带"贷款品种。

2.2 创新建立综合性金融服务超市，助力贫困村脱贫致富

针对边远地区金融机构服务网点少、部分村民金融常识匮乏等现状，四川多地设立了农村金融服务超市（站），当地农商银行入驻综合服务站，主动担当"主办行"职责，改善村级金融服务，使村民足不出户就能享受到小额取现、现金汇款、转账、余额查询、代理缴费等便利的金融服务，深受群众欢迎。

以兴文县毛村为例，兴文农商银行率先在宜宾市打造了集"支付结算、双基信贷、电商平台"于一体的多功能村级金融服务超市，有效延伸金融服务渠道，实现小额贷款办理不出村的目标，形成"农产品进城、工业品下乡"良性互动，解决农村绿优产品进城难、农村居民取款难的问题。毛村金融服务超市的成功运营可为县级贫困村金融服务站的创新升级提供示范引领。

2.3 实践"农业共营制"，推动农村土地"三权分置"

针对确权颁证后，农村土地经营权不活、龙头企业经营不顺、农民利益得不到保障等问题，崇州市探索实践了"土地股份合作社＋农村职业经理人＋农业综合服务体系"三位一体的"农业共营制"经营模式，着力破解农业生产经营中"地碎、人少、钱散、缺服务"四个制约和"谁来经营、谁来种地、谁来服务"三个难题。通过土地经营权入股建设、公开竞聘农业职业经理人、保障入社农民收益来组建土地股份合作社，解决农业"谁来经营"难题；通过搭建培育平台、服务团队和扶持平台，培育农业职业经理人，解决农村"谁来种地"难题；通过健全农业科技服务体系、综合服务体系和品牌服务体系，解决"谁来服务"难题。该新型农业经营体系主要有三种分配方式：一是除本按比例分红，二是保底二次分红，三是佣金＋超奖短赔。

2.4 创新农产品仓单质押融资，实现专项对接

针对农产品经营环节融资困境，彭州市创新推出以蔬菜、中药材、黄谷、禽畜肉类、果品等耐储存农产品为质押物的农产品仓单质押融资改革项目。成立成都市首家农产品金融仓储公司，建立了价值评估、保险、风险保障、财政支持等10个配套机制，推动农产品仓单质押融资成为可复制、可推广的标准化金融产品。截至2018年1月31日，已发放农产品仓单质押贷款31笔、金额1700万元。仓单质押贷款模式续接起蔬菜产业流通环节资金链"断点"，解决了银行"不敢贷"的问题，为农产品"变现"探索出一条可操作的融资渠道，促进了农产品保值增值和农业增收，成为农村金融服务综合改革创新中的一大亮点。

3 建设金融支持乡村振兴长效机制的短板

第一，"两权"抵押贷款机制不完善。一是"两权"抵押试点范围较小，交易仍受较大政策局限，发生违约风险时处置难度较大，抵押物无法在短期内处置和变现。二是成熟的农村产权交易市场尚未真正形成。目前，试点地区虽然都建立了农村产权流转交易平台，但平台功能有限，大多局限于为供需双方提供转出、转入信息发布，四川地区尚未建立统一的农村承包土地和农民住房的信息管理系统，市场广度和深度不足。三是"两权"抵押物公允价值难以确定，一些区县各自成立了评估专家小组，但整体上缺乏科学、规范的评估方法和统一的评估体系，制约了金融机构的放贷力度。

第二，农村金融供给严重不足，金融产品创新能力低下，不能满足乡村振兴的需要。一是政策性金融目前主要支持公共基础设施建设，对农业的产业扶持不足。二是商业性金融机构和网点较少，分布不均衡，资金供给较少。农商银行和邮政储蓄银行吸收的农村存款远大于发放的贷款，总体上具有从农村"抽血"而不是"输血"的性质。三是金融产品单一，创新能力低下。新型农村经营主体的经营主要依靠银行信贷，因为商业银行信贷管理体系和考核激励机制不健全，涉农产品创新的主动性、积极性不高，致使金融产品单一，缺乏针对农业内部丰富业态、产业发展规律和商业模式的金融产品。例如，在成都农商银行的农村产权融资中，集体建设用地抵押融资规模一枝独秀，主要是因为集体建设用地市场价值较高，市场化程度高，而农民住房财产权和农地经营权等其他农村产权，则很难获得贷款。四是农村互助合作金融不发达，没有有效利用农村的储蓄和资金。也有一些地方的互助合作金融不规范，超越了成员之间互助的界限，存在高利贷和投机风险。

第三，金融支持的配套机制不健全不完善，中小新型农业经营主体融资难、融资贵问题突出。部分地方扶贫贷款贴息、补偿机制还不完善，金融机构的风险管理体系不科学，对产业发展主体评级严、授信紧、放贷少，支持贫困地区产业发展力度小。同时，农业保险品种不够丰富，结构仍需优化，保自然风险的多，保价格风险的少，农业的预期收益和现金流得不到保证。农业具有投入大、生产周期长、风险较大的特点，如果没有高效、强有力的风险分摊机制作为支撑，那么将很难引导社会资金流入农村。

第四，未建立科学统一的信用评级机制。"三权分置""两权"抵押为农村金融增添了法律依据，有利于金融产品创新、扩大信贷供给。尽管四川的"两权"和"三权"的确权工作走在全国前列，但是农村土地和土地经营权价值评估，新兴农业经营主体、农户的信用评估，仍然处于探索阶段，支持农贷通的信用评级制度不够健全，突出表现为新型农业经营主体的覆盖面有待扩大；信息收集渠道过度依赖政府，信息更新工作量大，用户信用等级的更新频率较低；信用评级模型、方法的科学性有待提高。由于缺乏统一的评级机制和值得信赖的第三方评估机构，各金融机构对信用等级认可度不一，比如农商银行评出的信用等级无法得到其他银行的认可，新型农业经营主体、贫困户不得不面临重复评估，支付昂贵的、本可避免的融资费用。

第五，贫困地区金融扶持存在短视和短期行为，长效机制建设薄弱。部分贫困地区存在数字脱贫问题，贫困户明股实贷，一旦入股企业经营不善，容易造成因贷返贫。产业发展是脱贫的基石，与贫困地区产业发展需要的特殊政策、与金融支持需要的配套机制相比，目前的薄弱环节较多。一是一些贫困户群众发展产业不主动、配合工作不积极，"懒病"和"惰性"问题严重，"等靠要"思想积重难返。二是人才匮乏，不仅表现在贫困户自身文化程度不高，难以依靠自身力量脱贫，还体现在致力帮助村民脱贫的乡县干部金融专业知识缺乏，难以掌握和运用金融政策、金融市场和金融工具，发挥金融精准扶贫和乡村振兴的积极作用。三是贫困地区财政较困难，风险分担基金规模较小，难以发挥杠杆作用，撬动更多社会资金流入贫困地区，不利于农村的整体协调均衡发展。

4 建议以产业为核心构建乡村振兴的金融支持体系

"产业兴旺、生态宜居、乡风文明、治理有效、生活富裕"是 2018 年中央农村工作会议提出的乡村振兴目标和总要求。产业兴旺是乡村振兴的基础，也是精准扶贫的重要抓手，因此，需要紧紧围绕做强做大农村产业这个核心，以发展壮大产业为目标来构建金融支持乡村振兴和精准扶贫的长效机制，继续深化改革，创新机制体制，在以下几个方面取得进展。

第一，引导合作金融的规范发展，引导"生产、供销、信用"三位一体的合作经济组织的发展，完善"商业金融—合作金融—政策性金融"协同的农村金融服务体系。

在推进商业金融更好地服务农业龙头企业、家庭农场、合作社、大户的同时，需要引导合作金融特别是"生产、供销、信用"三位一体的合作经济组织的规范发展。资金互助组织、互助保险、互助担保组织能够降低大中型商业性金融机构面临的高成本、严重的逆向选择和道德风险问题。同时，可引导构建基层合作金融与政策性、商业性金融的合作连接关系，如村级互助担保与政策性的农村产权融资担保机构的衔接机制，村级互助保险、更高层级的互助保险与商业性保险机构、政策性保险业务之间的再保、分保关系。利用乡土社会文化、乡规民约、"三位一体"的多重合作关系，降低农村金融成本和风险。

但要注意将合作金融的展业范围限定在一定区域内，比如相邻的几个村子，或一个乡镇范围内，如果展业范围过大，超越了有效边界，无法利用熟人机制，合作金融将面临较大的风险。

第二，对于贫困地区，在着力推进小农户与现代农业发展有机衔接、开展产业扶贫的基础上，发展农业价值链/供应链金融。

由于一些建档立卡贫困户缺乏产业发展机会和动力，信贷有效需求不足，单纯提供小额信贷并不能取得显著的扶贫效果。对贫困地区而言，金融扶贫需要与产业扶贫有机结合。要促进小农户与新型经营主体（家庭农场、合作社、农业龙头企业）的有机衔接，构建稳定的农业价值链/供应链，并推进农业供应链金融创新。

第三，引导农业经营者适度规模经营，特别是注重家庭农场的发展。

随着农业机械化水平的提高，需要通过土地流转实现土地的规模化经营，但是由于农业劳动监督困难等因素，农业不能盲目扩大规模，并不是规模越大越好。否则,可能会造成农业经营主体的经营困难,不仅会打消潜在经营者的积极性,还有可能无法按时支付租金,给流出土地的农民造成损失。因此,对于经营者大规模流转土地,有关部门应给予指导规范,避免其经营陷入困境。

第四,探索"资本下乡"的扎根机制,培育农业经营主体的"农场主"情怀。

对于农业经营主体,特别是资本下乡、租地经营的农业经营主体,要培育他们的"农场主"情怀。农业是一个投资周期长、回报慢的行业,经营者不能短视,寄希望于短时间内获得暴利,进行掠夺性开发经营。要引导农业经营主体建立长期从事农业生产的情怀,有长期的农业经营规划和打算,严防经营者掠夺性开发经营,骗取政府扶持资金,一旦达不到预期就跑路的机会主义行为。

资本下乡,有助于农业产业化发展,带动贫困户脱贫。但是需要一套机制确保资本下乡之后能够扎根,而不是采取机会主义行为。这套机制可以包括以下两个方面:第一,资本下乡之后要有所投入,要有沉淀成本,同时要对当地有所贡献,每年的利润中应提取一定比例用于周边土地改良、水利建设,及其他公共设施建设。第二,探讨将资本与当地农民利益绑定的方法,比如建立土地股份合作社,资本下乡采取入股的方式,既可以将两方的利益绑定,减少日后的冲突纠纷,也有助于带动贫困户脱贫。对于带动作用强、对当地贡献大的新型农业经营主体,政府应在其融资等方面进行政策支持,并给予一定的奖励。

第五,完善职业经理人市场,优化职业经理人考核和分配制度。

完善职业经理人选拔、培育、管理、服务机制,培育一支高素质的农业经理人队伍,做好职业经理人的储备工作。定期开展技术培训,建立专家队伍为经理人提供指导服务。建立职业经理人信息库,做好经理人的等级评定制度,从业绩、社员满意度、专业水平等方面进行考核评定。建立动态管理机制,严格退出制度,对于违反法律、不诚信、损害社员利益、出现食品安全问题的经理人,取消其从业资格。

在分配方式上提倡"对社员保底后按比例分成",确保农民能够获得稳定收入,同时采用分成的方法,将职业经理人的收入与其业绩挂钩,激励其提高经营业绩。

第六,完善农业社会化服务体系。

现代农业产业以规模化、标准化、集约化生产为主要特征,这就对农业社会化服务体系提出了高标准的要求,政府应引导加快农业社会化服务体系的建设。

对于农业上游服务环节,如农技服务的提供、种子研发培育、化肥农药的提供指导、机耕队的建设;对于农业下游服务环节,如农产品包装、运输、加工、储存、销售,政府应该加强对市场主体的培育和支持。对于食品质量安全的检测和把控，政府应当承担起责任，加强对各市场参与主体的指导、监督、规范。

在农业经营主体与社会化服务体系的对接方面，可以推广崇州市建立的农资和服务价格"三方协商机制"，农业中介服务公司每年邀请社会化服务代表、农业职业经理人代表和市农发局技术人员代表，召开农资和服务价格协商会议，供方、需方、技术人员三方充分议价，形成公允价格，避免规模较大的土地股份合作社过于强势，形成买方垄断价格；同时农发局技术人员可以从中调解，形成公允的服务价格。

第七，完善农贷通平台的功能，推进农村金融产品的创新。

农贷通平台的建设，将逐步完善农业政策咨询、产权流转服务、融资供需对接、金融风险分担、信用信息共享等环节，应该继续加快平台的建设。促进农村金融机构创新金融产品与服务方法，比如，设计符合农业生产经营主体的循环贷款。针对新型经营主体的贷款，金融机构应推广"一次授信，循环使用"。新型经营主体的贷款需求一般额度不大，有较强的周期性，因此推广在一定期限内，一次授信，循环使用，对银行和贷款方而言都有利于节省交易成本。

第八，加强信用评级的规范性和信用信息的共享。

加快对新型农业经营主体的信用评级，完善评级的规范性，出台并推广信用评级的标准和规范。公开新型农业经营主体的信用评级数据，使不同金融机构能够共享这套数据，减少重复工作和成本。

第九，加强对涉农资金统筹整合的监管。

涉农资金整合可以有效地解决当前涉农资金多头管理、交叉重复、使用分散等问题，对于整合之后的资金，有关部门要加强监管，既要完成约束性任务，也要因地制宜地安排指导性任务。严防地方政府利用整合资金搞面子工程、政绩工程，急功近利，削减那些金额大、周期长、见效慢的投资，忽视那些外部性强、公共性强、造福后代的工程建设，比如，大江大河治理、水利建设等。

中国金融学

China Journal of Finance

财政分权和政府竞争对地级市财政赤字的影响研究

郝璞璞[①]　范 为[②]　俞 乔[③]

摘 要 本文研究了分税制改革后省市间财政分权格局对地级市财政赤字的影响，其中财政收入分权对财政赤字产生了显著的负向影响，财政支出分权则具有显著的正向激励作用，政府竞争变量正向影响着财政赤字的规模。本文认为：财政分权改革后地级市政府财权与事权的非对称关系是产生财政赤字的直接原因；我国集权的政治体制和特殊的官员选拔方式决定了地方政府"向上负责"的行为模式，而通过招商引资快速发展地区经济成了既满足上级偏好，又符合官员自身利益的最优选择；地级市政府纷纷采用以牺牲财政收入为代价的税收竞争和以扩张财政开支为代价的支出竞争等方式来达到吸引资本的目的，其必然带来财政赤字的扩张。进一步分区域研究表明，以税收竞争和支出竞争为特点的政府竞争是中西部地区争夺资本的主要方式，深刻影响着中西部地区的政府行为和财政状况，但对东部地区的财政赤字影响不显著。

关键词 财政赤字　财政分权　政府竞争

1 引 言

实施分税制改革以来，地方财政收入在全国财政总收入中所占份额不断缩小，而地方政府的财政支出比例却在上升，其结果是地方政府财政赤字规模不断扩大，图1中数据显示，地方政府的财政赤字从1994年的1926.59亿元的规模扩张到2015年的67333.58亿元规模，21年的时间增长了近34倍。

分税制改革被视为财政收入集权与财政支出分权的过程，是导致地方财政赤字的直接原因，但是在税权与事权确定的情况下，地方政府财政收支即使出现缺口，也不会出现缺口越来越大的现象。因此，本文认为地方财政赤字规模上升不仅是财政分权所致，也是地方政府财政行为的结果。本文由此切入，研究影响中国地级市（全市）财政赤字的因素以及不同区域间地级市（全市）财政赤字的影响因素的差异。本文选取地级市（全市）作为研究对象，主要原

---

① 郝璞璞，清华大学公共管理学院硕士研究生，研究方向：公共财政与政策。
② 范为，博士、博士后，申万宏源证券固定收益总部总监，清华大学研究员、硕士研究生导师，北京大学硕士研究生导师（兼职），研究方向：宏观经济与资本市场。
③ 俞乔，清华大学公共管理学院教授，公共政策研究所所长，研究方向：公共财政与政策。

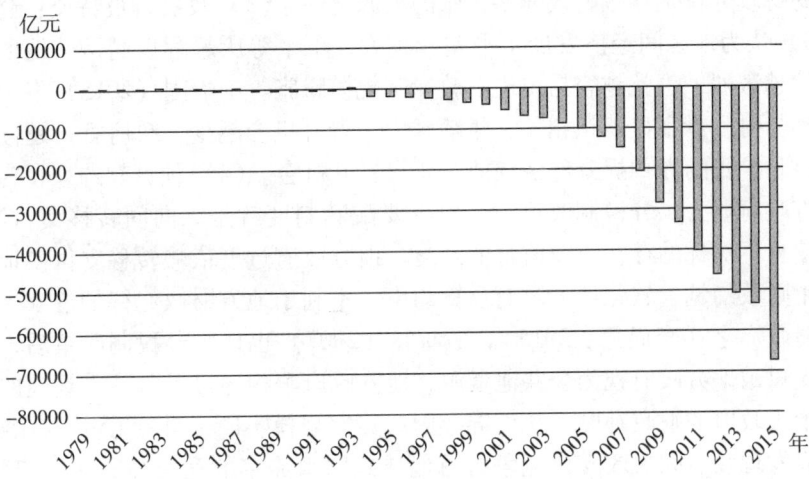

图1　1979—2015 年地方政府财政赤字①

因有两点。第一，地级市及以下政府属于直接承担公共服务的基层政府，负担 80%②以上地方财政支出任务，而且地方政府的债务主要集中在市县两级政府③。第二，现有关于财政赤字的研究，主要是选取省级政府作为研究对象，而地方各级政府内部也存在类似的财政分权关系。

本文的研究对象是地级市的财政赤字问题，因此在城市选择上剔除了四个直辖市，但包括副省级城市、准副省级城市和一般地级市。研究中涉及的样本剔除了数据不全的城市和极端值，最后选取了 2007 年、2008 年、2009 年三个年度的 205 个地级市作为样本城市，数据全部来自《地市县财政统计资料》《中国区域统计年鉴》和《中国城市统计年鉴》。城市遍布东部、中部、西部地区，虽然不能保证研究结果可以覆盖全部地级市，至少就所选样本而言，能够说明财政赤字的影响因素已是本文的重要目标。

2　文献回顾

针对我国财政赤字的产生原因，学者们对以下几个方面的研究较丰富。（1）宏观经济环境与政策：部分学者将财政赤字视为政府宏观经济管理工具（戴园晨，2003；王蕊等，2016）。（2）有限的财政分权：刘洪铎（2011）将现行财政体制下财权与事权割裂以及转移支付制度所引发的公共泳池效应作为解释地方政府财政赤字规模扩大的原因。李尚蒲等（2015）认为分税制改革与

---

① 数据来源：国家数据 http：//data. stats. gov. cn/ks. htm？cn = C01&zb = A1101。
② 根据地市县统计资料数据测算。
③ 《全国政府性债务审计结果》。

有限的财政分权是导致财政赤字扩张的根源之一。（3）政府官员特质：赵文哲（2010）认为地区间经济发展水平差异越大，不平等厌恶程度越深，地区间的竞争就越激烈，也就越容易出现财政赤字规模膨胀。王治国（2015）发现领导人年龄与财政赤字显著正相关，年龄越大，晋升机会越少，政府官员越倾向于通过财政扩张的方式提升经济绩效，获得晋升机会。（4）预算软约束：为了保证地方政府财力，分税制改革的一项重要配套制度就是纵向间转移支付制度，由于信息不对称的存在以及监督的缺乏，地方政府过度依赖转移支付使地方政府产生财政幻觉，软化地方政府预算约束，不利于地方财政纪律的遵守，从而形成财政赤字（李尚蒲，2015）。平新乔（2007）也认为分税制改革后，中央转移支付被地方政府视为公共池资源，地方政府争相通过扩张开支规模的形式获得中央政府的财政补贴，从而导致财政赤字规模不断上升。（5）支出竞争：有研究发现政府间财政支出竞争有可能导致财政赤字的竞争与攀比（李涛等，2009；邵军，2007；李永友，2008；李尚蒲，2015），除此之外，经济增长率、人均收入、人口、开放程度、城镇化率、产业结构、行政机构膨胀、人员编制过多，以及政府补贴过多也是学者们经常研究的影响因素（王治国，2015；姚让和，1989；赵文哲，2010；等等）。

不同区域的财政赤字影响因素也存在差异。刘洪铎（2011）在研究财政分权对财政赤字规模的作用中，引入东部、中部、西部地区变量后发现各地区的财政分权对财政赤字的影响程度存在较大差异，其中财政分权对西部地区的财政赤字规模影响最大，其次是东部地区，最后是中部地区。孙蚌珠和刘翰飞（2010）分区域研究了财政分权程度的不同，1994年之后东部地区的财政分权程度处于领先水平，中部地区的财政分权程度最低，而西部地区、东北地区则居于其中。郭贯成和汪勋杰（2014）在研究财政分权导致地方财政赤字扩大从而依赖土地财政的问题时发现，东部地区由于经济发展水平较高，土地出让收入更高，也就更容易通过土地出让收入来弥补财政赤字。

综上所述，本文聚焦于财政赤字产生背后的制度和政府行为因素。分税制改革导致地方政府财权与事权的非对称关系是产生财政赤字的直接原因。但是，制度变化仅是一次外部冲击，只能说明财政开支相较财政收入会有一个缺口，但却无法很好地说明缺口越来越大的原因。因此，本文也将引入地方政府的财政行为，地方政府官员受到政治锦标赛的激励，加上分权制带来的财政自主权，以发展地区经济、提高地区GDP为特征的政府竞争开始展开。而地方政府间的竞争进一步增大财政开支规模，导致财政赤字的扩张。我国地域辽阔，不同区域的经济发展水平、财政汲取能力以及享受的优惠政策均不同，导致各个区域在财政赤字规模上存在差异；除此之外，各个区域的财政分权与地方政府竞争对财政赤字的影响程度也不同。因此，为了更加细致地描述我国各个区域的财政赤字状况以及影响因素，本文也将引入东部、中部、西部地区变量进行研究。

3 地级市财政赤字原因研究

财政赤字是世界各国都存在的问题，但是每个国家的财政赤字产生原因各不相同。数据显示，中国自分税制改革以来，地方政府出现的严重财政赤字是导致全国财政出现赤字的直接原因。本部分将聚焦影响我国地级市政府财政赤字的背后逻辑，省级政府对地级市政府的管理多是参照中央对省级政府的模式，因此想要深刻地理解省级以下政府的行为特点，就需要理清中央与省之间关系背后的制度逻辑。因此本部分将结合中国现实，基于中央与地方关系的视角，对影响财政赤字的背景和机制进行分析。

3.1 财政分权与财政赤字

财政分权（Fiscal Decentralization）是以财政联邦制或财政管理体制为载体的各级政府在财政权责方面的划分，是处理各级政府间关系的制度安排（赵旭杰，2015）。其本质是给予地方政府部分财政自主权，地方政府得以独立选择支出结构和制定支出决策，以期达到提高公共品的供给质量和效率，推动区域经济协调发展的目标。我国现在的财政分权格局主要是在1994年分税制改革之后奠定的，分税制改革后第一年，我国地方政府就出现了严重的财政赤字，从1993年的61.2亿元的财政盈余发展到1994年的1726.59亿元的财政赤字，直接导致了当年全国财政出现赤字。上海财经大学公共政策研究中心发布的《2006中国财政发展报告》中进行了国际比较，发现1995—2006年地方税收收入仅能负担地方财政总支出的33.1%至38.8%，而这一指标的国际标准水平在70%至80%。财权事权的不对等客观上导致了地方政府出现财政赤字，这个外生制度变量是产生地方财政赤字的直接导火索，也是引致地方政府行为变化的关键。

Hillman（2003）从客观上分析，财政分权会加大地方政府财政负担，从而导致赤字出现。de Mello（2005）进一步阐述了财政分权给予了地方政府更多的支出任务，从而导致赤字倾向，而且欠发达国家比发达国家更易产生协调失灵从而引发赤字的倾向。Stein（1999）认为，在纵向财政关系不平衡、政府间转移支付制度有较大的自由裁量空间以及地方政府举债相对自由的国家中，财政分权激励地方政府扩张支出规模。Fiva（2006）和Jin（2002）发现财政收入分权对应较小的公共部门，财政支出分权对应较大的公共部门。国内学者郭庆旺和贾俊雪（2010）在对县级政府的研究过程中发现，财政收入分权会扩大政府开支规模；洪源等（2015）在研究地方债务的影响因素时发现，财政收入分权有利于控制地方债务水平。陶然等（2009）认为地方政府的财政赤字主要是由压力型体制下地方收入上收、责任下放所致。

为了全面展现各省内部财政分权状况，本文使用了财政收入分权与财政支出分权两个指标。

H1 假设：财政收入分权对财政赤字有负向激励作用。

H2 假设：财政支出分权对财政赤字有正向激励作用。

3.2　地方竞争与财政赤字

德国学者 Breton 是较为系统地阐述政府竞争这一概念的代表人物。Breton（1998）将地方政府竞争定义为某个区域内部不同经济体的政府利用包含税收、教育、医疗等手段，来吸引劳动力、资本等流动性要素流入，以达到增强自身竞争优势的行为。我国集权制的政治体制和特殊的官员选拔方式决定了地方政府向上负责，政府竞争的目的是通过上级考核，得到上级认可，从而获得连任或晋升。而经济发展成了上级衡量地方政府的重要指标，因此我们可以发现，地方政府主要是为 GDP 增长而竞争。竞争类型主要包括税收竞争和支出竞争。

税收竞争是指地方政府通过调整税率和税种的方式来达到吸引流动性要素，增进辖区内居民福利的目的。中国地方政府不具有独立的税权，无法通过税种与税率的调整展开充分的税收竞争，但是我国地方政府可以通过税收优惠、税收返还以及减少收费等方式（杨志勇，2003）达到实质上的税收竞争。支出竞争又可称为公共品供给竞争，是指地方政府通过高质量公共服务的提供，吸引流动要素进入，从而增加辖区居民福利。我国地方政府"向上负责"的行为特点决定了地方政府在安排预算支出时，会刻意压缩与居民福利相关的教育、医疗、社会保障等社会性支出，而会将资金大量用于可以加快地方经济发展的建设性支出上。为了招商引资，吸引资本进入，地方政府为部分企业提供优惠税率，优惠范围甚至扩张到隶属国家税务局征收的中央税种和共享税种（Liu et al.，2015）。除了税率，地方政府在土地提供、厂房建设方面都给予了投资者相当大的补贴力度。踪家峰（2009）通过对 1986—2005 年的 28 个省市进行研究发现，FDI 占 GDP 的比重与财政收入成反向影响关系，地方间围绕外资的竞争呈现出"底部竞争"的特征。

据此，本文提出 H3 假设：地方政府竞争对财政赤字有正向激励作用。

3.3　其他因素

除了财政分权与地方政府竞争两个影响因素外，还有很多宏观经济变量影响地级市的财政赤字规模，通过文献梳理（赵文哲，2010），本文主要根据就业水平、开放程度、人口变量、城镇化水平、富裕程度五个影响因素进行讨论。

108

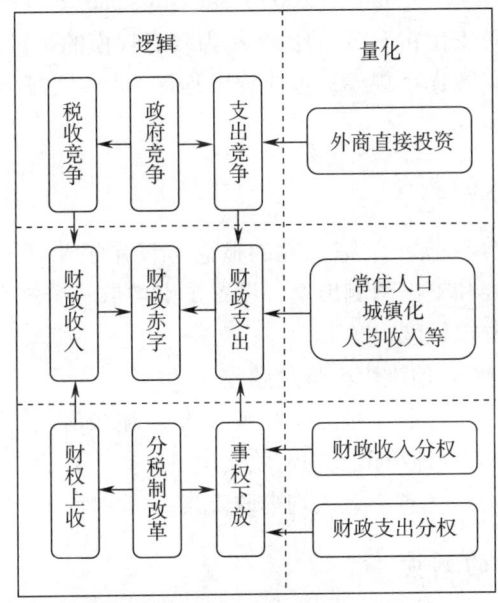

图 2   逻辑示意图

4   实证结果

本部分寻找代理变量将解释变量量化，根据收集的 2007—2009 年 205 个地级市的财政赤字数据，选择适合的计量模型，最后运用 STATA14.0 软件进行回归，在数据层面上对本文提出的逻辑、观点加以量化检验。

4.1   研究变量测量与模型设定

基于理论分析，本文需要对三类变量进行测量：（1）因变量：地级市财政赤字率；（2）自变量：三个核心自变量，分别是财政收入分权、财政支出分权和地方 FDI 增长率；（3）控制变量：五个控制变量，分别是就业率、货物进出口总额占比、常住人口变量、城镇化率和人均收入。针对以上变量的测量，本文综合了现有研究成果、本文的研究对象以及数据可得性等诸多因素，在前人的测量方法基础上进行了适当的修正创新。

4.1.1   财政赤字的测量

为了剔除各地经济规模和发展水平的差异对财政赤字规模可能存在的影响，本文借鉴了刘洪铎（2011）的做法，将财政赤字率作为财政赤字规模的代理变量。Stein（1999）、Rodden（2003）和 Grossman（1989）也有类似的做法，将公共部门的总支出占 GDP 的比例作为政府规模的衡量指标。财政赤字率指标不仅可以表征财政赤字规模，也体现了地区当年以财政赤字的方式占用的社会资源比例。

4.1.2 财政分权的测量

本文认为财政分权是一个综合性的概念，仅用一个单一指标无法全面衡量，因此本文从收入和支出两侧出发，设置了财政收入分权和财政支出分权两类指标来刻画财政分权程度。

财政收入分权 ＝地级市人均财政收入／

（省本级人均财政收入 ＋ 地级市人均财政收入）

财政支出分权 ＝地级市人均财政支出／

（省本级人均财政支出 ＋ 地级市人均财政支出）

4.1.3 竞争压力的测量

中国政府多层财政分权与集权制的政治体制，催生了地方政府围绕经济增长的竞争。促进经济增长竞争的重要策略就是招商引资，尤其是对外商直接投资（FDI）的竞争（张军，2007）。本文以各地级市政府吸引的外商直接投资（FDI）作为衡量地级市政府竞争程度的代理标量。为剔除经济规模对外商直接投资的影响，本文借鉴了唐志军（2011）的做法，选取各地级市外商直接投资实际使用额的增长率来衡量政府间竞争强度。本文采用外商直接投资实际使用额的增长率（张军等，2007；郑磊，2015）作为地方政府竞争的代理变量，一个地区的外商直接投资实际使用额的年增长速度代表地方政府对招商工作的重视程度和为争夺外来资本的竞争强度。外商直接投资均按照当年美元对人民币汇率中间价均值进行换算。

4.1.4 控制变量的测量

本文共包括五个控制变量，分别为就业率、货物进出口总额占比、常住人口变量、城镇化率和人均收入。本文将三大产业就业人口之和除以常住人口作为就业率的衡量指标；采用货物进出口总额占当年地区生产总值的比重来衡量地方开放程度；采用地区常住人口来表征人口变量；由于数据所限，本文采用户籍人口概念，以非农人口占年末总人口的比重来表征城镇化率；人均收入变量则是采用以下公式计算得出。

$$人均收入 = \frac{城镇居民人均可支配收入 \times 非农人口 + 农村人均纯收入 \times 农业人口}{年末总人口}$$

表 1　变量汇总

变量类型	核心概念	变量名称
因变量	财政赤字	财政赤字率
自变量	财政分权	财政收入分权
		财政支出分权
	政府竞争	地区 FDI 增长率
控制变量	就业水平	就业率
	开放程度	货物进出口总额占比
	人口变量	常住人口变量
	城镇化水平	城镇化率
	富裕程度	人均收入

4.2　模型选择

本文选取的数据是既包含多个个体，又包含时间跨度的面板数据，且解释变量中不包含被解释变量的滞后性，因此属于静态面板数据；加之，个体数量远远超过时间维度，因此也被命名为纵列数据。而静态面板数据模型的一般形式为

$$Y_{it} = \beta_0 + \sum_{k=1}^{k} \beta_{ki} X_{kit} + \varepsilon_{it}$$
$$\varepsilon_{it} = \mu_i + u_{it}; E(\mu_i) = 0, E(\mu_i u_{it}) = 0$$
$$i = 1, 2, \cdots, 205; t = 1, 2, 3$$

其中：Y 代表被解释变量，X 代表解释变量，i 表示个体，t 表示时间，k 代表解释变量个数，β_{ki} 代表自变量的系数，u_{it} 代表特质误差，表示由于时间变化影响 Y_{it} 的那些无法观测的因素，μ_i 表示个体区域样本在截距上的差别，即个体样本中不随时间改变的影响 y_{it} 的无法观测因素。

通过 LSDV 检验、LM 检验和 Hausman 检验，本文选择建立固定效应模型。从现实来看，我国各个地级市之间财政赤字、财政分权、政府竞争情况均存在明显的差异，采用固定效应模型与现实情形更加相符。由于涉及两个财政分权指标，本文首先将两个财政分权指标分别代入模型，最后将其共同放入模型中。具体模型设置如下

模型一：$Y_{it} = \beta_0 + \mu_i + \beta_1 Z1_{it} + \beta_3 Z3_{it} + \gamma_1 K_{it} + \varepsilon_{it}$

模型二：$Y_{it} = \beta_0 + \mu_i + \beta_2 Z2_{it} + \beta_3 Z3_{it} + \gamma_1 K_{it} + \varepsilon_{it}$

模型三：$Y_{it} = \beta_0 + \mu_i + \beta_1 Z1_{it} + \beta_2 Z2_{it} + \beta_3 Z3_{it} + \gamma_1 K_{it} + \varepsilon_{it}$

其中，$Z1$、$Z2$、$Z3$ 是解释变量，K 代表控制变量，β_0 为常数项。本文中涉及的解释变量的描述性统计结果如表 2 所示。

表 2 模型指标的描述性统计（全样本）

变量	均值	标准差	最小值	最大值
财政赤字率 Y	0.071	0.051	− 0.014	0.345
财政收入分权指标 $Z1$	0.745	0.163	0.220	0.983
财政支出分权指标 $Z2$	0.794	0.082	0.527	0.990
外商直接投资增长率 $Z3$	0.355	0.766	− 0.841	9.120
就业率 $K1$	0.321	0.225	0.078	1.401
开放程度 $K2$	0.256	0.441	0.001	3.384
常住人口 $K3$	0.439	0.233	0.072	1.279
城镇化率 $K4$	0.377	0.184	0.106	1.000
人均收入 $K5$	0.841	0.403	0.229	3.296

需要说明的是，为剔除价格的变动对回归结果的影响，本文根据各地级市 2006 年的 GDP 平减指数剔除变量中的价格因素。

4.3 实证结果

由于本文数据属于横截面维度较大、时间维度较小（N 长 T 短）的短面板数据，数据容易产生异方差问题，针对可能存在的异方差问题，本文进行了异方差检验—White test，结果表明，P 值为 0.0000，强烈拒绝原假设，也就是存在异方差。为了修正异方差，本文首先采用聚类稳健标准误差（FE – robust）用于纠正面板数据低估标准误差的缺陷。

通过 Wooldridge 检验、White 检验和 Pesaran 检验，本文发现模型误差项具有一阶组内自相关、异方差和组间截面相关等问题，为了消除随机误差不满足同方差、不相关和截面不相关假定的影响，因此本文借鉴刘洪铎（2011）的做法，采用 Driscoll & Kraay（1998）的方法（以下简称 D – K 校正法）加以校正。由表 3 可以看出，经 FE – robust 和 D – K 校正后的估计结果对回归系数和显著性几乎没有影响，因此模型是稳健的。

表 3　各地级市政府财政赤字率影响因素回归结果

变量	模型一		模型二		模型三	
	FE	D – K 校正①	FE	D – K 校正	FE	D – K 校正
收入分权 Z1	-0.1544*** (-4.52)	-0.1544** (-2.36)	—	—	-0.0568* (-1.77)	-0.0568 (-0.76)
支出分权 Z2	—	—	0.3018*** (11.00)	0.3018*** (7.58)	0.2863*** (9.96)	0.2863*** (4.81)
政府竞争 Z3	0.1907*** (4.04)	0.1907*** (5.22)	0.1690*** (3.98)	0.1690*** (6.72)	0.1697*** (4.00)	0.1697*** (6.62)
就业率 K1	-0.0813 (-0.61)	-0.0813 (-1.64)	-0.0374 (-0.31)	-0.0374 (-0.74)	-0.0254 (-0.21)	-0.0254 (-0.76)
开放程度 K2	0.3697 (1.29)	0.3697** (2.46)	0.1299 (0.51)	0.1299 (1.30)	0.1917 (0.74)	0.1917 (1.12)
常住人口 K3	-0.0697 (-0.97)	-0.0697*** (-27.12)	-0.0670 (-1.04)	-0.0670*** (-3.25)	-0.0545 (-0.84)	-0.0545*** (-12.33)
城镇化率 K4	0.3494*** (2.92)	0.3494*** (8.91)	0.3175*** (2.96)	0.3175*** (3.93)	0.3000*** (2.79)	0.3000*** (5.37)
人均收入 K5	0.0662*** (6.73)	0.0662*** (25.42)	0.0727*** (8.71)	0.0727*** (9.28)	0.0676*** (7.67)	0.0676*** (20.16)
constant	-0.0363 (-0.50)	-0.0363 (-0.85)	-0.1704*** (-2.66)	-0.1704** (-3.12)	-0.2112*** (-3.11)	-0.2112*** (-31.95)
White test	135.45*** [0.0000]		79.42*** [0.0000]		170.33*** [0.0000]	
Wooldridge test	10.754*** [0.0012]		9.463*** [0.0024]		10.966*** [0.0011]	
Pesaran's test	34.699*** [0.0000]		36.800*** [0.0000]		46.763*** [0.0000]	
R^2 – Within	0.2658	0.2658	0.4066	0.4066	0.4112	0.4112
样本量	615	615	615	615	615	615

注：" * * * " " * * " " * " 分别表示 1%、5%、10% 的显著性水平，( ) 内为 T 检验结果，[ ] 内为统计量的伴随概率。FE (Fixed Effects Model) 代表固定效应模型。

　　由全样本回归结果可知，财政收入分权对财政赤字规模有负向激励效果，与本文初始假设一致，即在收入侧的放权有利于缓解地级市财政收支不平衡的

---

① Driscoll & Kraay (1998)，该方法适用于误差项存在异方差、自相关和截面相关，且时间跨度小截面维度大的面板数据。本文的计量模型符合这些前提条件。

状况，减少赤字。财政支出分权对财政赤字产生正向影响，且高度显著，结合我国的实际情况，财政支出侧的过多分权意味着地级及以下政府承担着更多的事权和支出责任，会加重地级市政府的财政负担，从而产生财政赤字。除此之外，本文还发现，表征地方政府竞争程度的外商直接投资额度增长率呈现出与财政赤字的正向影响关系。地方政府为了发展地区经济，展开了以招商引资为代表的竞争，为了吸引资本入驻，地方政府不惜损失财政收入，纷纷采取各种政府补贴和税收优惠政策；为了改善城市面貌、营造出一个适宜的投资环境，地方政府纷纷展开大规模的基础设施建设。这些竞争行为最后都要财政来买单，财政赤字的出现也就不足为奇了。

控制变量对被解释变量的影响方向基本与假设相符。就业率对财政赤字规模的影响是负向的，该因素通过两种渠道影响财政赤字规模：一方面，城市的就业率高意味着税基增大，地方政府财政收入提高；另一方面，城市的高就业率可以减少政府在社会保障和失业补助方面的投入，节省了财政开支，因此高就业率会降低地方政府赤字。

地区开放程度指标对财政赤字的影响是正向的，和本文的预期假设一致，本文使用进出口商品总额占地区生产总值的比例来衡量地方经济的开放程度，地区经济越开放，越容易受到外部冲击，样本期中的国际金融危机对我国的进出口造成了严重的影响，2008 年 11 月和 12 月全国进出口总额同比分别下降了9% 和 11.1%。另外，为抵抗外来冲击，政府一般会采取相应的扶持补助，增加财政开支。以 2008 年国际金融危机为例，中央政府出台"四万亿的经济刺激计划"，而地方政府配套投资计划的规模更是达到了 18 万亿元（李冬梅，2010）。综合作用下，地方政府产生了巨大的财政赤字。

地方常住人口变量对地方财政赤字的影响是负向的，且通过了 1% 的显著性检验，说明常住人口多的城市财政赤字较小，这可能是与我们的常识相悖，我们普遍认为人口多意味着公共服务需求多，地方政府的负担重，更有可能产生财政赤字。这种说法忽视了人口多也会创造更多的社会财富的事实。而且常住人口在我国的语境下还有其独特含义，常住人口中包含了没有户籍的外来人口，从这个意义上来说，常住人口变量在一定程度上突破了我国户籍制度的限制，真实地反映了劳动力要素的地区间流动与分布。劳动力要素的集聚提高了地区经济发展速度，增加了地区的财政收入，但是由于我国公共服务与户籍相联系，流动人口无法得到与其贡献相匹配的城市公共服务，节约了财政开支，综合作用下，表现为一个地区的常住人口越多，财政赤字规模越小。

城镇化率水平对财政赤字产生正向促进作用，且高度显著。即城镇化水平越高的地级市可能面临越严重的财政赤字，与本文的假设一致。本文所谓的城镇化水平是针对户籍人口而言的，即非农人口占总人口的比例，城镇化水平的提高，代表着享用城市公共服务的人群增多，乡村人口相对减少，我国城乡长期处于二元分割的局面，农村公共产品的提供水平远低于城市。城市中非农户籍人口的增多意味着要提供高水平公共产品的人口增多，财政压力会进一步增大，相应地，农村人口的减少导致原先对县的涉农转移支付也将逐步减少，如"一事一议"，中央、省对县的补助政策等，这会进一步加剧地级市政府的财政负担。除此之外，城镇化率对地级市政府财政赤字的正向激励作用，也可以说明，我国的城镇化进程是由财政支出扩张拉动的。

人均收入变量对财政赤字的影响是正向的，且通过1%的显著性检验。该结果符合"瓦格纳法则"，即随着人均收入水平的提高，居民对公共产品的需求提高，政府支出占GNP的比重将会提高，人均收入的提高所带来的财政开支的扩张要大于其带来的财政收入的增长。而且高收入人群更具有流动性，一旦原有地区的公共服务无法满足自己，他们可以通过用脚投票的方式选择其他居住地，而这样会导致地区税源的流失，从而加剧地区的财政赤字。

表4 分区域财政赤字率影响因素回归结果（模型三）

变量	东部		中部		西部	
	FE	D – K 校正	FE	D – K 校正	FE	D – K 校正
收入分权 Z1	− 0.0801 ***	− 0.0801 ***	− 0.2273 ***	− 0.2273 ***	− 0.3387 ***	− 0.3387 ***
	(− 2.60)	(− 10.95)	(− 5.85)	(− 5.49)	(− 2.71)	(− 3.69)
支出分权 Z2	0.1306 *	0.1306 ***	0.1809 ***	0.1809 ***	0.3803 ***	0.3803 ***
	(1.90)	(8.87)	(6.35)	(9.57)	(4.08)	(2.73)
政府竞争 Z3	0.0620	0.0620	0.0874	0.0874 *	0.0726	0.0726 ***
	(1.09)	(0.60)	(1.50)	(1.86)	(0.76)	(4.51)
就业率 K1	− 0.0332	− 0.0332	− 0.1408	− 0.1408 **	0.8979	0.8979 **
	(− 0.46)	(− 1.16)	(− 0.81)	(− 2.20)	(− 1.38)	(− 2.43)
开放程度 K2	− 0.1131	− 0.1131 **	0.4199	0.4199 ***	0.0892	0.0892 ***
	(− 0.72)	(− 2.25)	(1.10)	(3.18)	(1.39)	(7.93)
常住人口 K3	− 0.0377	− 0.0377 ***	0.1280	0.1280 **	0.0638	0.0638
	(− 1.05)	(− 11.28)	(0.79)	(2.36)	(0.09)	(0.49)
城镇化率 K4	0.0431	0.0431 **	0.3995	0.3995 ***	0.7158	0.7158
	(0.71)	(2.07)	(1.59)	(5.68)	(0.71)	(0.93)
人均收入 K5	0.0251 ***	0.0251 ***	0.0634 ***	0.0634 ***	0.2712 ***	0.2712 ***
	(4.07)	(7.96)	(5.46)	(30.21)	(4.99)	(32.64)
constant	− 0.1372 **	− 0.1372 ***	− 0.2663 **	− 0.2663 ***	− 0.5900	− 0.5900 **
	(− 2.03)	(− 12.21)	(− 2.42)	(− 8.21)	(− 1.25)	(− 2.06)
Whitetest		70.20 ***		81.14 ***		61.67 **
		[0.0055]		[0.0004]		[0.0323]

续表

变量	东部		中部		西部	
	FE	D－K校正	FE	D－K校正	FE	D－K校正
Wooldridge test		0.847 [0.3602]		16.195*** [0.0000]		5.087** [0.0303]
Pesaran's test		32.512*** [0.0000]		12.484*** [0.0000]		3.000*** [0.0027]
R^2（within）	0.3156	0.3156	0.6503	0.6503	0.5451	0.5451
样本量	237	237	267	267	111	111

　　分地区样本回归结果显示：我国东部、中部、西部地区由于区域位置、要素禀赋和经济发展水平的差异，财政分权和政府竞争对财政赤字的作用可能呈现不同特点。从表 4 的回归结果来看，分区域回归结果中财政分权与政府竞争指标的符号与全样本回归结果保持一致，且高度显著，可以说明这两个核心变量的稳健性。由于篇幅所限，正文中只展示了我国东部、中部、西部三大区域的模型三的回归结果。

　　无论是我国东部地区、中部地区还是西部地区，地方竞争程度都对财政赤字率产生正向激励作用。中部地区和西部地区地方竞争对财政赤字的影响较为显著，说明为争夺资本而展开的税收竞争和支出竞争是导致中部、西部地区产生财政赤字的重要原因。东部地区凭借优越的地理位置、丰富的要素禀赋以及优惠的政策，向来是外商资本的主要投资区。这种先发优势为东部地区带来了更多的财政收入，减少财政赤字风险；同时，外商资本的不断注入使东部地区形成了产业集聚效应和市场规模，而这成为东部地区吸引 FDI 的新的竞争力（李庆龙，2010）。新经济地理学认为，拥有集聚优势的核心地区，即使保持不变或稍高的税率，也可以吸引资本，但是外围地区只有通过税收竞争才能吸引资本（Baldwin et al.，2004）。也就是说，东部地区已经不用凭借压低企业成本、加大基建规模来吸引外商资本了，对财政收支的影响在减弱。

　　控制变量中，开放程度对财政赤字的影响在统计意义上显著，回归结果显示，在样本期内，外向型经济为东部地区带来的财政收入效应强于为防御外部冲击的财政扩张效应。而中部地区和西部地区的经济发展水平低，抵抗外来冲击的能力本来就较弱，一旦发生外部冲击，财政收入不仅会严重缩水，政府还得通过一系列开支行为维持经济社会的稳定。因此，我国中部、西部地区可以通过扩大内需等方式发展地区产业，减少对进出口的过度依赖，从而提高抵御外来冲击的能力。常住人口对东部地区的财政贡献效应强于财政负担效应，外来常住人口对流入地的经济发展、财政收入起到积极的作用；而中部地区多为人口迁出大省，常住人口少于户籍人口，大量青壮年劳动力流失，留下的人口多是老弱病残，这部分人群对财政收入的贡献要低于其享受到的公共服务开支，导致当地政府出现财政上的入不敷出。东部地区和中部地区的城镇化率变量是影响市政府财政赤字的显著因素。而且，提高城镇化率会带来财政赤字率上升，从一定程度上可以说明，我国的城镇化率提高依赖于地方政府财政支出扩张来推动，这种非经济自发的城镇化成了市政府财政的负担，对中部地区的财政影响较大。无论是东部地区、中部地区还是西部地区，人均收入变量均对当地财政赤字起到了显著的激励作用，验证了瓦格纳法则，东部地区经济发展较早，公共服务和公共产品较为丰富，公共产品的需求弹性较低，财政压力较小；而对中、西部地区而言，经济发展底子薄，公共服务与基础设施不足，公共产品的需求弹性较高，政府财政压力相应较大，更容易导致财政赤字。

5　结　论

本文主要对地级市政府财政赤字的现状及其背后因素展开研究，选取了2007—2009 年全国 205 个地级市作为样本，分析了市政府财政赤字的现状，并从制度和政府行为两方面对财政赤字的影响因素展开了研究。本文得出如下结论。

首先，财政分权这个制度变量确实对财政赤字产生了显著影响，其中财政收入分权对财政赤字产生了负向影响，而财政支出分权则对财政赤字存在正向激励作用，与本文最初的假设一致，收入侧的进一步分权有利于控制市政府财政赤字规模，但过多的事权只会导致市政府财政赤字规模持续扩大，而且财政支出分权的作用程度更大，说明分税制改革以来事权下沉严重影响到了基层政府财政的自主性。

其次，地方政府竞争加剧了地级市政府的财政赤字，地方官员出于发展地区经济、提高自主收入以及完成绩效考核的考虑展开政府竞争，提高了政府改善本区制度环境和硬件条件的动力，推动了民间经济的快速增长，但是这种竞争方式主要以税收竞争、支出竞争和标尺竞争为主：一方面，地方政府不惜牺牲财政收入，采用优惠税率、优惠地价等方式来吸引资本；另一方面，为了营造一个良好的投资环境，地方政府需要不断通过财政开支扩张扶持企业进行基础设施建设。这些竞争方式行为无疑加重了政府的财政负担。

最后，从区域维度上来看，过多的事权和支出责任的下沉仍然是东部地区财政出现赤字的主要原因；需要引起注意的是，东部地区吸引外来投资的优势发生了变化，从最初凭借廉价生产要素发展到凭借资本集聚效应和市场规模，而后者对地方财政支出的要求不高，对财政收入的影响不大，除此之外，外来常住人口对东部地区的财政收入效应强于财政开支效应；东部地区的外向型经济发展较成熟，抗风险能力普遍较强，与其为财政收入带来的增长相比，外来冲击所引致的政府开支较小。上收财权所带来的地方政府财力不足是中部地区财政赤字扩张的主要原因；对西部地区而言，财力不足、事权太多均对其财政赤字规模产生了显著影响；中部、西部地区经济发展滞后，也未占据有利的区域位置，只能凭借包括土地、厂房、税率在内的廉价的生产要素、加大基础建设和企业补贴力度来吸引外商投资。这种竞争方式只会导致地方政府竞相压低要素价格扩大基础设施建设，造成财政收入流失、支出扩张，加剧财政赤字。本文研究发现，中部、西部地区经济的外向程度越高，越容易受到由于外在需求变化而导致的经济波动，为了维持经济平稳增长，地方政府倾向于采用积极的财政政策，加大了财政赤字规模；青壮年劳动力的流出严重影响到了中部人口大省的财政状况，劳动力要素的流出减慢了当地经济发展速度，财政收入增速下滑，同时未流出的人口又多为老弱病残，对教育、医疗、社会保障等公共服务的需求旺盛，财政开支并未相应减少，这同样也是造成中部、西部地区财政赤字的重要因素。

参考文献

[1] 戴园晨. 财政赤字与积极财政政策 [J]. 经济经纬, 2003 (5): 59 - 61.

[2] 郭贯成, 汪勋杰. 财政分权、地方财政赤字与土地财政 [J]. 财经论丛, 2014 (12): 17 - 23.

[3] 郭庆旺, 贾俊雪. 财政分权, 政府组织结构与地方政府支出规模 [J]. 经济研究, 2010 (11): 59 - 72.

[4] 洪源, 秦玉奇, 王群群. 地方政府债务规模绩效评估、影响机制及优化治理研究 [J]. 中国软科学, 2015 (11): 161 - 175.

[5] 李冬梅. 以应对金融危机的视角看我国城市化进程中地方财政困境的化解 [J]. 城市发展研究, 2010 (4): 144 - 146.

[6] 李庆龙. 我国东部地区 FDI 区位选择影响因素的实证研究 [D]. 武汉: 华中科技大学, 2010.

[7] 李尚蒲, 罗必良. 地方政府竞争: 财政赤字扩张及其攀比效应——来自县域的证据 [J]. 学术研究, 2015 (9): 66 - 75, 160.

[8] 李涛, 周业安. 中国地方政府间支出竞争研究——基于中国省级面板数据的经验证据 [J]. 管理世界, 2009 (2): 12 - 22.

[9] 李永友, 沈坤荣. 辖区间竞争、策略性财政政策与 FDI 增长绩效的区域特征 [J]. 经济研究, 2008 (5): 58 - 69.

[10] 刘洪铎. 财政分权导致地方政府财政赤字规模的膨胀吗？——来自分税制改革后中国省级的观察和经验证据 [J]. 上海经济研究, 2011 (9): 98 - 109.

[11] 平新乔. 中国地方政府支出规模的膨胀趋势 [J]. 经济社会体制比较, 2007（1）：50 - 58.

[12] 邵军. 地方财政支出的空间外部效应研究 [J]. 南方经济, 2007（9）：3 - 11.

[13] 孙蚌珠, 刘翰飞. 中国财政分权的数量化度量及其地区间差距——基于1979—2008 年省级面板数据 [J]. 经济理论与经济管理, 2010（5）：5 - 13.

[14] 唐志军. 地方政府竞争与中国经济增长 [M]. 北京：中国经济出版社, 2011.

[15] 陶然, 陆曦, 苏福兵, 汪晖. 地区竞争格局演变下的中国转轨：财政激励和发展模式反思 [J]. 经济研究, 2009（7）：21 - 33.

[16] 王蕊, 丁爽. 2015 年中国财政赤字 [J]. 金融发展评论, 2016（2）：18 - 21.

[17] 王治国, 张攀. 什么驱动了地方政府赤字？——来自陕西省的经验证据 [J]. 公共管理学报, 2015（4）：71 - 81, 156.

[18] 杨志勇. 国内税收竞争理论：结合我国现实的分析 [J]. 税务研究, 2003（6）：14 - 17.

[19] 姚让和. 县级财政赤字增多的原因与平衡对策 [J]. 财政, 1989（4）：21 - 23.

[20] 赵文哲, 杨其静, 周业安. 不平等厌恶性, 财政竞争和地方政府财政赤字膨胀关系研究 [J]. 管理世界, 2010（1）：44 - 53.

[21] 赵旭杰. 中国式财政分权、地方政府支出行为与经济周期波动 [M]. 北京：中国税务出版社, 2015.

[22] 张军, 高远, 傅勇等. 中国为什么拥有了良好的基础设施？[J]. 经济研究, 2007, 3（3）：4 - 19.

[23] 郑磊. 财政分权与公共教育：教育财政的政治经济学研究 [M]. 北京：中国经济出版社, 2015.

[24] 踪家峰, 李蕾, 郑敏闽. 中国地方政府间标尺竞争——基于空间计量经济学的分析 [J]. 经济评论, 2009（4）：5 - 12.

[25] Baldwin R E, Krugman P. *Agglomeration, integration and tax harmonisation* [J]. European Economic Review, 2004, 48（1）：1 - 23.

[26] Breton A. *Competitive governments: An economic theory of politics and public finance* [M]. Cambridge University Press, 1998.

[27] De Mello L R. *Globalization and fiscal federalism: does openness constrain subnational budget imbalances?* [J]. Public Budgeting & Finance, 2005, 25（1）：1 - 14.

[28] Fiva J H. *New evidence on the effect of fiscal decentralization on the size and*

composition of government spending ［J］. FinanzArchiv: Public Finance Analysis, 2006, 62 (2): 250 – 280.

［29］ Grossman P J. *Fiscal Decentralization and Government Size: An Extension* ［J］. Public Choice, 1989, 62 (1): 63 – 69.

［30］ Hillman A L. *Public finance and public policy: responsibilities and limitations of government* ［M］. Cambridge University Press, 2003.

［31］ Jin J, Zou H F. *How does fiscal decentralization affect aggregate, national, and subnational government size?* ［J］. Journal of Urban Economics, 2002, 52 (2): 270 – 293.

［32］ Liu C, Ma G. *Taxation without representation: local fiscal response to intergovernmental transfers in China* ［J］. International Tax & Public Finance, 2015, 23 (5): 854 – 874.

［33］ Rodden J. *Reviving Leviathan: fiscal federalism and the growth of government* ［J］. International Organization, 2003, 57 (4): 695 – 729.

［34］ Stein E. *Fiscal Decentralization and Government Size in Latin America* ［J］. Journal of Applied Economics, 1999, ii (1): 357 – 391.

The Impact of Fiscal Decentralization, Transfer Payments and Government Competition on Fiscal Deficit

Hao pupu　Fan wei　Yu qiao

Abstract This paper researches on the impact of fiscal decentralization pattern between provinces and cities on prefecture – level cities' fiscal deficits after the tax system reform. Statistics show that fiscal revenue decentralization has negative incentive effect on fiscal deficit, but fiscal expenditure decentralization has positive effect on fiscal deficit. In addition, the local government competition will exacerbate prefecture – level cities' fiscal deficits. Therefore, this paper argues that the mismatch between local government financial revenue and expenditure is the direct cause of fiscal deficit; the centralized political system and the special selection of officials determine the behavior mode of the local government's upward responsibility. In this case, investment promotion becomes a best choice not only to meet the superior preferences, but also in line with the interests of officials. Local governments have adopted tax competition at the expense of fiscal revenue and expenditure competition at the expense of expansion of fiscal expenditure to attract capital, and these competition inevitably leads to the expansion of fiscal deficits. Further regional studies have found the government competition characterized by tax competition and expenditure competition is the main way for the central and western regions to compete for capital, which has a profound impact on the governments' behaviors and financial situations in central and western regions, but the impact of these competition on fiscal deficit in eastern region is not significant.

Key words Fiscal Deficit Fiscal Decentralization Government Competition

不忘初心，继续前进

《中国金融学》诚邀投稿

《中国金融学》是什么样的读物？她是一份有情怀的读物：

* 有历史：怀着服务中国金融的初心，创始于 2003 年。
* 有底蕴：已经发表了上百篇高水平的金融学术论文。
* 有情怀：致力于为中国经济社会发展提供金融方案。
* 有实力：由清华、川大、浙大、人大四所名校合办。
* 有高参：由国内外著名的资深学者组成学术委员会。
* 有特色：既持续关注传统金融，也紧密追踪新金融。
* 有深度：既有学界资深前辈，也有新锐的后起之秀。
* 有热情：诚邀国内外学界优秀学者、精英踊跃投稿。

《中国金融学》创始于 2003 年，旨在为中国金融研究者提供一个高端学术平台。在创办的十多年里，《中国金融学》瞄准金融理论与实践前沿，发表了上百篇高水平的金融学术论文。《中国金融学》现由清华大学、四川大学、浙江大学、中国人民大学共同合办，每季度编一辑。

本书坚持对标国际先进理论与实践，扎根中国金融体系，倡导规范研究，鼓励理实融合，开放学术争鸣。本书既持续关注金融市场、公司金融、公共金融、国际金融等传统金融问题，也紧密追踪科技金融、金融科技、互联网金融等新金融问题。无论是学术上还是实践上，本书致力于为中国经济社会发展提供金融方案。

中 国 金 融 学

China Journal of Finance

欢迎投稿

1. 登录《中国金融学》网站 www. chinafinancejournal. org. cn 投稿系统投稿。文章格式：请参照网站下载栏目：《中国金融学》投稿格式，提取码：14QJ。

2. 也可投稿至 cfj2003@ chinafinancejournal. org. cn，附上电子原稿附件。

3. 我们有权对来稿做文字修改、删减。如作者不同意编辑部对文章进行修改和删减，请在来稿中注明。

4. 作者姓名在文题下按顺序排列；作者单位及邮政编码脚注在同页左下方，并附第一作者简介（含性别、出生年月、最高学历、职务、职称、工作单位、联系电话、E－mail，有相关著作论文发表的，请列出）。

5. 作者文责自负，请勿一稿多投。来稿决定使用后，由我们发放专用录稿通知，专有使用权归编辑部所有。如发现抄袭、冒名等违反《著作权法》相关规定的，文责由作者自负。

6. 审稿期为 3 个月，如未录用，请自行处理。

7. 联系电话：13675837627 联系人：吴后宽

8. 联系邮箱：cfj2003@ chinafinancejournal. org. cn

9. 编辑部地址：杭州市江干区杭海路 601 号浙大 AIF（江干）产研中心，邮编：310020。

浙江大学互联网金融研究院（Academy of Internet Finance，Zhejiang University，以下简称浙大 AIF）成立于 2015 年 4 月，是中国首个立足于学科体系发展的互联网金融研究院。

浙大 AIF 汇聚了浙江大学经济、法学、管理、数学科学、计算机科学与技术、公共管理等学院的研究力量，开展跨学科研究，致力于成为引领国际的中国新金融智库和培养互联网金融人才的世界级基地。

浙大 AIF 在互联网金融发展、互联网金融法律、互联网与创新金融、数学与互联网金融、互联网金融技术五个创始研究中心的基础上，先后成立了区块链工作室、司南工作室、金融国际化工作室、创业金融工作室、互联网老龄金融工作室及云基础设施硅谷研究室，其他专题工作室陆续筹建中。

自建院以来，浙大 AIF 先后出版发行了《中资银行国际化报告》《砥砺前行，守得云开？——中国 P2P 网贷行业 2016 年度报告》《扬帆起航——走向国际的中资保险公司》《互联网金融理论与实务》《创业金融实践》等一系列研究成果。

浙大 AIF 积极拓展国际学术交流与合作，实行全球化战略布局，国内以北京、上海、深圳为基地筹建分院，国际以伦敦、硅谷、新加坡为基地筹建分院，目前北京分院、伦敦分院、上海分院、硅谷分院均已挂牌成立。

此外，作为浙江互联网金融联合会的联合理事长单位和全国金融标准化技术委员会互联网金融标准工作组的首批成员单位，浙大 AIF 积极助力互联网金融行业健康发展。

《中国金融学》网址

www. chinafinancejournal. org. cn

《中国金融学》微信公众号